Gustav Prütz

Die Arten der Haustaube

Gustav Prütz

Die Arten der Haustaube

ISBN/EAN: 9783743452701

Hergestellt in Europa, USA, Kanada, Australien, Japan

Cover: Foto ©Andreas Hilbeck / pixelio.de

Manufactured and distributed by brebook publishing software (www.brebook.com)

Gustav Prütz

Die Arten der Haustaube

Die Arten der Haustaube.

Nach dem Entwurfe

der

Delegirten des I. Deutschen Geflügelzüchter-Tages

beschrieben und herausgegeben

von

Gustav Prütz
in Stettin,

Verfasser von: „Das Ganze der Taubenzucht" (Gottlob Neumeister) 3. Auflage, und Herausgeber der „Columbia" Zeitschrift für Taubenliebhaber, -Züchter und -Händler.

Dritte
umgearbeitete und mit einem Anhange:
„Die Krankheiten der Tauben"
vermehrte Auflage.

Leipzig. 1878.
C. A. Koch's Verlagsbuchhandlung.
(J. Sengbusch.)
C. V.

Herrn Dr. Carl Ruß

in Steglitz bei Berlin

freundschaftlichst gewidmet

vom

Verfasser.

Inhaltsverzeichniß.

	Seite
Vorwort	XI—XIV
Allgemeines	1
Die Arten der Haustaube	6
I. Feldtauben	6
1. a) Die wilde Feldtaube und b) Die blaue Feld- oder die gewöhnliche Landtaube	6
2. Der Hohlflügel	10
3. Die hohlblaue Taube	10
4. Die Flechttaube	10
5. Die Elbe	11
6. Die Feuertaube	11
7. Die Gimpeltaube (Illyrische Taube)	11
8. Die Eistaube (Mehl- oder Lasurtaube)	13
Melirte Feldtauben	14
1. Die hammerschlägige Taube	14
2. Die gelerchte Taube	14
3. Die Schimmel- oder schimmelige Taube	15
4. Die Schuppen- oder karpfenschuppigen Tauben	15
a) Die Blauschuppe	15
b) Die Grau- oder Nagelschuppe	15
c) Die Schwarzschuppe	15
d) Die Roth- oder Kupferschuppe	15
II. Farbentauben	16
1. Der Staarhals	18
2. Die Schweizertaube	19
3. Die weißbläßige Taube	20
a) Das gemeine Bläßchen	20
b) Das weißbindige Bläßchen	20
c) Das weißschuppige Bläßchen	20
d) Das kupferflügelige Bläßchen	21
4. Die Pfaffentaube	21
a) Die eigentliche Pfaffentaube	21
b) Die weißlatschige Pfaffentaube	22
c) Die weißbindige Pfaffentaube	22
d) Die weißbindige, weißspießige Pfaffentaube	22
e) Die weißbindige, weißspießige Pfaffentaube mit weißem Schwanze	22

Seite

f) Die gestaarte, bindige, weißspießige und geschwänzte
    Pfaffentaube (Hohenzollerntaube) 22
g) Die gestaarte silberschuppige Pfaffentaube . . . 23
5. Die eigentliche Mönchtaube 24
6. Der Weißkopf oder die Mäusertaube 24
7. Die Maskentaube (farbenschnippige Taube) . . . 25
8. Die Elstertaube (der Verkehrtflügel) 25
9. Die Storch- oder Schwingentaube 26
10. Die Schwalbentaube 26
    a) Die Schlesische Flügel- oder Schwalbentaube . 26
    b) Die Nürnberger Flügel- oder Haustaube . . 27
    I. Glatte Schwalbentauben (Schlesische mit Flügelbinden) 29
    a) Blauflügel 29
    b) Schwarzflügel 29
    c) Rothflügel 29
    d) Gelbflügel 29
    e) Silberflügel 29
    II. Schuppflügel 29
    a) Blauschuppflügel 29
    b) Schwarzschuppflügel 29
    c) Rothschuppflügel 29
    d) Gelbschuppflügel 29
    e) Silberschuppflügel 29
    f) Lerchenflügel 29
11. Die farbenköpfige Taube 30
12. Die Latztaube (Holländische Muscheltaube) . . . 30
13. Die Brusttaube (farbenbrüstige Taube, der Brüster) . 31
14) Die Schild- oder Deckeltaube 31
    III. Hof- oder Racetauben 32
    I. Gruppe 34
Trommeltauben 34
    a) Die Russische Trommeltaube 35
    b) Die Bucharische Trommeltaube 36
    c) Die Altenburger oder glattköpfige Trommeltaube . 36
    II. Gruppe 37
1. Die Tümmler oder Flugtauben 37
    A) Der gewöhnliche Deutsche Tümmler . . . 37
    a) Der einfarbige Tümmler 38
      1. Der einfarbig schwarze Tümmler . . 38
      2. Der einfarbig blaue Tümmler . . . 38
      3. Der einfarbig rothe Tümmler . . . 39
      4. Der einfarbig gelbe Tümmler . . . 39
      5. Der einfarbig weiße Tümmler . . . 39
    b) Der farbige weißspießige Tümmler . . . 39
    c) Die weißflügelige Taube oder der Elstertümmler 39
    d) Der farbenplättige Tümmler oder die Calottentaube 39
    B) Das Nönnchen 41
    C) Der Englische Tümmler 41
    a) Der Almondtümmler 41
    b) Der einfarbige Englische Tümmler . . . 43
    c) Der gescheckte Tümmler (Mottles) . . . 43

	Seite
d) Der Barttümmler (Beard)	44
e) Der weißköpfige Tümmler (Baldheab) . . .	44
f) Der geierfarbige Tümmler (Geier) . . .	44
2. Der Ringschläger und die Klatschtaube . . .	45
III. Gruppe	47
1. Die Pfautaube	47
2. Die Perückentaube	49
3. Die Mähnentaube, krauste Mohrenköpfe oder Schmalkalbener	51
4. Die Strupp- oder Perltaube	51
5. Die Lockentaube	52
6. Die Seidenhaartaube	52
7. Die Möventaube	53
a) Das gewöhnliche Deutsche Mövchen . .	53
b) Das Aegyptische Mövchen oder die Afrikanische Eule .	55
c) Das Chinesische Mövchen	55
IV. Gruppe	56
Erste Unterabtheilung	56
Die Kropftauben	56
a) Der Deutsche kurz- und glattfüßige Kröpfer .	58
b) Der Breslauer Kröpfer	58
c) Der Französische lang- und glattfüßige Kröpfer	58
d) Der Englische lang- und rauhfüßige Kröpfer	59
e) Die Pommersche Kropftaube	60
f) Die Sächsische Kropftaube	63
g) Die Holländische Kropftaube . . .	64
h) Der Oesterreichische Plätscher . . .	64
i) Die Prager Elster-Kropftaube . . .	65
k) Die kleinen Kropftauben . . .	65
1. Die Brünner Kropftaube . . .	65
2. Die Prager Kropftaube . . .	66
l) Die Holländische Ballonkropftaube . .	67
Zweite Unterabtheilung	67
a) Die Türkischen oder Orientalischen Tauben	67
1. Die Französische Bagdette	68
2. Die Deutsche (krummschnäbelige) (Nürnberger) Bagdette	69
3. Die Englische (grabschnäbelige) Bagdette . .	71
4. Die kurzschnäbelige Bagdette (Türkische Taube) .	73
5. Die Englische Tafeltaube	74
6. Die Drachentaube	74
7. Die Orientalische und die Europäische Brieftaube	75
a) Die Antwerpener Brieftaube . . .	78
b) Die Lütticher Brieftaube . . .	79
c) Die Brüsseler Brieftaube . . .	79
8. Die Berberei-, Cyperische oder Indianertaube .	81
9. Die Römische Taube	82
10. Die Monteaubantaube	83
b) Die Spanische Taube	84
V. Gruppe	85
Die Huhntauben	85
1. Die Maltesertaube	85
2. Die kleine Malteser- oder Rebhuhntaube . .	86

	Seite
3. Die Florentiner oder Piemonteser Taube	86
3a. Die Huhnschecke	86
3b. Die Ungarische oder Hennertaube	86
3c. Die Modeneser Haustaube	87
4. Der Monteneur	89
Die Krankheiten der Tauben	90
1. Schlechte Verdauung	91
2. Der Aussatz	92
3. Die gelbe Mundsäule (der Chanker, das gelbe Knöpfchen, der Rotz, Schnörgel)	94
4. Der Durchfall	105
5. Die Verstopfung	106
6. Der Darmcatarrh	106
7. Innere Würmer	107
8. Der Husten	108
9. Das Röcheln	108
10. Das Asthma	109
11. Pneumatosis (Windgeschwulst)	110
12. Die Canariensucht	111
13. Das Eierlegen ohne Schale	113
14. Steifer Hals	114
15. Warzen	111
16. Die Pocken oder Blattern	114
17. Der Grind	115
18. Der Schlagfluß	115
19. Die Gicht	116
20. Die Schwermuth	117
21. Knochenbrüche	118
22. Wunden und Blessuren	118
23. Der Schnipp	119
Die Mauser	123
Verzeichniß von Taubenhändlern	126
Verzeichniß von Schriften über Tauben und Taubenzucht	128
Verzeichniß der Deutschen Brieftaubenliebhaber- und Geflügelzüchter-Vereine	131
Schlußwort	137

Vorwort zur I. Auflage.

Auf Anregung des Herrn Julius Springer in Altenburg wurde in den Tagen vom 9. bis 11. October 1869 zu Dresden der erste Deutsche Geflügelzüchter-Tag abgehalten, zu welchem einige zwanzig Delegirte aus allen Theilen Deutschlands gekommen waren, um über die Hebung der bisher arg vernachlässigten Geflügelzucht zu berathen.

Die Resultate, welche, unterstützt von regem Eifer und treuer Hingabe für die gute Sache, in wenigen Tagen erzielt wurden, sind von unverkennbarem Nutzen gewesen, denn erst seit dieser Zeit datiren sich die Fortschritte und das rege Interesse in der Geflügelzucht. Es bleibt jedoch noch viel zu thun übrig, um auf den Standpunkt zu gelangen, auf dem z. B. die Engländer und Franzosen schon seit vielen Jahren sich befinden. Obgleich es dem Congreß als eine dringende Aufgabe erschien, im allgemeinen Interesse eine übereinstimmende Nomenclatur der Tauben festzustellen, und obgleich es eigentlich nicht in der Aufgabe der hierfür erwählten Commission lag, eine Classification der Tauben vorzunehmen, so hatte sie sich doch in der Ansicht geeinigt, daß eine solche eine spätere definitive Feststellung der Namen bedeutend erleichtern werde. Die in dieser Schrift verzeichneten Gruppen der Tauben wurden von der Commission in Vorschlag gebracht, und der Congreß genehmigte sie mit dem Vorbehalte, durch eine noch besonders zu erwählende Commission die speciellen Benennungen der einzelnen Species in jeder Classe festzustellen und dem nächsten Geflügelzüchter-Tage zur Begutachtung vorzulegen. Da dies bis dato nicht geschehen ist, und alle bisher über Tauben und Taubenzucht erschienene Schriften mangelhaft sind, neuere Racen gänzlich darin fehlen, andere falsch beschrieben sind, so habe ich im Auftrage des Stettiner Tauben-Vereins unter Benutzung von Aufsätzen in den „Blättern für Geflügelzucht" versucht, vorerwähntem Uebelstande abzuhelfen. Ich habe außerdem die in den verschiedenen Fachblättern zerstreuten Beschreibungen einzelner in Norddeutschland wenig bekannter Taubenracen, namentlich auch die lehrreichen und interessanten Artikel des Herrn Director Führer in Stuttgart, — veröffentlicht in der früheren Korth'schen Tauben- und Hühnerzeitung —, zusammengestellt, zu einem Ganzen vereinigt, und mich dabei genau an die Eintheilung gehalten, welche die Delegirten des I. Geflügelzüchter-Tages als Norm angenommen haben.

Auf Unfehlbarkeit kann jedoch dieses Schriftchen keinen Anspruch machen, da ich mir vollkommen bewußt bin, daß der Erfahrungsschatz eines einzelnen Beobachters zur Erfüllung seiner Aufgabe lange nicht ausreicht. Indem ich also um gütige Nachsicht bitte, ersuche ich gleichzeitig freundlichst die Herren Taubenzüchter, mich auf etwaige Unrichtigkeiten bei der Beschreibung einzelner mir weniger bekannter Racen gefälligst aufmerksam machen zu wollen.

Stettin, im Herbst 1871.

Gustav Prütz.

Vorwort zur II. Auflage.

Die freundliche Aufnahme und der über Erwarten schnelle Absatz, den die erste Auflage meines Schriftchens gefunden haben, sowie die vielen günstigen Beurtheilungen in Fachblättern und privatim mir zugesendeten anregenden Zuschriften, gaben mir Veranlassung, unabhängig von meinem im Druck befindlichen größeren Werke*), eine zweite vielfach berichtigte und vermehrte Auflage der „Arten der Haustaube" erscheinen zu lassen.

Ich benutze hiermit gleichzeitig die Gelegenheit, den Herren Taubenzüchtern, namentlich dem Herrn H. Dietz in Frankfurt a. M.

---

*) Die Tauben, ihre Geschichte, Zucht und Pflege. Mit 10 Tafeln Abbildungen in Farbendruck.

u. A., für die Berichtigung irriger Ansichten meinerseits bei der Beschreibung einzelner Taubenracen, sowie auch dem hochverehrten Nestor der Geflügelzucht, Präsident des Hühnerologischen Vereins in Goerlitz, Robert Oettel, für die freundliche Beurtheilung und Aufmunterung in seinem Werke „der Hühner= und Geflügelhof" meinen verbindlichsten Dank auszusprechen. Möge die zweite Auflage des Werkchens sich derselben günstigen Aufnahme und Anerkennung erfreuen, welche der ersten in so reichem Maße zu Theil geworden!

Stettin, im Sommer 1874.

Gustav Prütz.

Vorwort zur III. Auflage.

Nachdem die Liebhaberei für die Haustauben in letzterer Zeit einen nie geahnten Aufschwung genommen hat, wozu hauptsächlich die alljährlich selbst in den kleinsten Städten stattfindenden Ausstellungen viel beigetragen haben, ist es nicht zu verwundern, daß der Wunsch fast aller Colombophilen dahin gerichtet ist, endlich die so lange vermißte Klarheit auch in diesem Theile der Naturgeschichte zu erlangen. Wenn sämmtliche ältere Werke und Monographien über Tauben, von Plinius bis auf die neueste Zeit, an Unklarheit und Widersprüchen leiden, so ist das zu entschuldigen, denn diesen Autoren standen keine Ausstellungen zu Gebote, wo sie Gelegenheit hatten, die Haustauben fast der ganzen Erde kennen zu lernen und Vergleiche anzustellen. Sie mußten häufig diese und die Beschreibungen nach einigen wenigen Exemplaren wiedergeben, bei denen nicht einmal die Gewißheit obwaltete, ob sie Race, Species oder gar nur Bastarde seien. Heute kann man mit Leichtigkeit mehr leisten.

Seit dem Erscheinen der zweiten Auflage der „Arten der Haustaube", speciell aber seit der Herausgabe der „Columbia"*)

---

*) „Columbia", Zeitschrift für Taubenliebhaber, -Züchter und -Händler. Organ Deutscher Brieftaubenliebhaber=Vereine. Preis pro Quartal 1 M. 25 Pf. Verlag von Otto Brandner in Stettin.

habe ich so häufig Gelegenheit gehabt, abweichende Ansichten hervorragender Taubenzüchter über die von den Delegirten des Ersten Deutschen Geflügelzüchter-Tages aufgestellte Classification und Nomenclatur der Haustaube zu hören, daß ich mich ohne Zögern dazu entschloß, die von dem namhaftesten Deutschen Taubenkenner, H. Dietz-Frankfurt a. M., vorgeschlagene Gruppeneintheilung, die ohne Zweifel allen Anforderungen entspricht, zu acceptiren und dieser dritten Auflage zu Grunde zu legen. Allerdings bleibt ja alle Classification unvollkommen und lückenhaft, demungeachtet ist sie nöthig und erleichtert den Gesammtüberblick. Die Grundsätze, worauf die neue Classification beruht und die nicht unwesentlich abweicht von der der beiden ersten Auflagen, sind aus dem Ganzen leicht ersichtlich und bedarf es in Betreff ihrer keiner besonderen Erläuterung.

Möchte auch die dritte Auflage der „Arten der Haustaube" dazu beitragen, den Taubenbesitzern eine Handhabe zu gewähren, mit Hülfe derer sie sich schnell und leicht orientiren können, so ist der Zweck erreicht!

Stettin, im Sommer 1878.

Gustav Prütz.

Allgemeines.

Schon seit den ältesten Zeiten ist die Taube Hausthier und vor
allen Vögeln ein Liebling der Menschen. Keines Geschöpfes erwähnt
die heilige Schrift häufiger und ehrenvoller, sie ist in ihr das Sinn-
bild der erhabensten Dinge und Eigenschaften. Da wir die Existenz
von civilisirten Völkerschaften soweit zurückführen können, bis sich unser
Wissen in dem Reiche der Sage verliert, so läßt sich auch das Alter
der Taubenzucht nach Jahrtausenden berechnen. Diese Annahme ist
keine gewagte; sie erhält ihre volle Bestätigung in den Schriften, welche
uns aus dem Alterthume überliefert sind und die mehr oder weniger
direct den Gegenstand berühren. Ueber die Abstammung der Haustaube
ist, wie dies bei den meisten unserer Hausthiere der Fall ist, ein gewisses Dunkel verbreitet, welches vollständig aufzuklären der Wissenschaft
bis jetzt noch nicht gelungen ist. Es kommt dies daher, weil die erste
Zähmung fast aller unserer Hausthiere in eine Zeit fällt, aus welcher
auch nicht die leiseste Spur einer Nachricht über diesen Gegenstand auf
uns überkommen ist.

In Aegypten waren die Tauben schon 3200 Jahre v. Chr. G.;
auf einem, natürlich höchst dauerhaft in Stein gehauenen Speisezettel
der Könige der vierten Aegyptischen Dynastie, kommen Tauben als
gewohnte Speisen vor und auf mehreren Denkmälern der fünften Dynastie (3000 v. Chr. G.) sind sie gleichfalls abgebildet. Mit Hilfe
der Analogie wird es hoffentlich der Wissenschaft gelingen, über die
Abstammung der verschiedenen Taubenracen ein helleres Licht zu ver-
breiten. Auf diesem Wege lassen sich wenigstens die Fragen klar stellen,
welche hierauf Bezug haben. Die heutigen Edelracen waren schon im
Jahre 1600 vorhanden, wo sie in Aldrovandis Ornithologie beschrieben werden.

Früher wurden die Tauben von einigen Naturforschern zu den hühnerartigen Vögeln gezählt, von anderen zu den sperlingsartigen; sorgfältige Beobachtungen haben jedoch ergeben, daß sie eine für sich abgeschlossene Klasse bilden, die sich von andern Vögeln namentlich durch die Art der Ernährung ihrer Jungen unterscheiden. Während die zum Hühnergeschlecht gehörenden Vögel ihre Jungen in einem ausgebildeten Zustande ausbrüten, so daß sie in wenigen Stunden nach ihrer Geburt der Mutter folgen, werden die jungen Tauben hilflos geboren, und mit einer flüssigen, in den Kröpfen der Aeltern bereiteten Substanz gefüttert.

Tauben sind in der Regel Vögel mittlerer Größe; die Beine und Füße sind klein im Vergleich zu denen der hühnerartigen Vögel, die ihrerseits in der Erde nach Gewürm scharren, was die Tauben nie thun. Obgleich nur klein, dienen ihnen diese Glieder doch wesentlich zum schnellen Durchsegeln der Lüfte. Die Füße werden abwechselnd bewegt, da die Tauben nicht mit beiden Füßen zugleich hüpfen, nach Art der Sperlinge, wenn auch zuweilen der Täuber beim Treiben der Täubin eine hüpfende Bewegung versucht.

Die hauptsächlichsten Bewegungs=Organe der Tauben sind die Flügel, zur Größe des Vogels verhältnißmäßig sehr kräftig, lang und spitz zulaufend, ganz dazu geeignet die Taube bei lang anhaltendem Fluge zu unterstützen. Das Schulterblatt des Flügels liegt an der Rippe des Rückens, mit diesem ist durch ein bewegliches Glied das Schulterbein verbunden, hierauf folgt der Vorderarm, aus zwei Theilen bestehend, woran sich die 10 Flugfedern befinden, von denen die zweite gewöhnlich die längste ist, nach und nach bis zur zehnten immer kürzer werdend. Die zweite Federlage besteht aus 12 Stück und haben diese ihren Platz an jener Gegend des Flügels, welcher ungefähr mit unserm Vorderarm correspondirt. Bei einigen Racen befindet sich sogar noch eine dritte Lage Federn oberhalb. Das Vermögen der Taube, sich vorwärts in der Luft zu bewegen beruht erstens auf der den Flügel= federn gegebenen Richtung, und nächstdem auf der Bauart jeder ein= zelnen Feder. Die Flügelfedern stehen sämmtlich rückwärts, d. h. in einer der Bewegung des Vogels entgegengesetzten Richtung, während jede Feder stark und fest an ihrer Basis, dagegen biegsam und elastisch an ihrem Ende ist. Andererseits ist die Oberfläche der Flügelfedern zum größten Theil steif, fest, unelastisch und undurchdringlich gegen die Luft. Die Folge aller dieser Umstände ist, daß die unter den hohlen Flügeln gedrückte Luft nicht durch den Flügel entweichen kann, sondern rückwärts abstreichen muß. Jede einzelne Feder hat um so weniger zu tragen, um so weniger Kraft nöthig, je näher sie dem Körper liegt; ferner hängt die spitzere oder rundere Form des Flügels von der

Stellung der längsten unteren oder Primärfedern ab. Wenn die erste oder selbst die zweite dieser Federn die längste ist, alle folgende aber kürzer, so ist der ganze Flügel natürlich spitzig, weil das Ende einer einzigen Feder die Spitze bildet, wenn hingegen die dritte oder vierte jener Federn die längste ist, und die nächstfolgende kürzer, so erhält der Flügel eine rundere Form. Die im Brustbein der Taube enthaltenen, die Fleischmasse bildenden kräftigen Muskeln tragen gleichfalls dazu bei, die Flugkraft zu unterstützen.

Die Zahl der Schwanzfedern beträgt in der Regel zwölf, steigert sich indessen bei einigen Racen zuweilen bis auf zweiunddreißig. Der Zweck des Schwanzes ist, den hintern Körpertheil beim Fluge zu unterstützen; beim Fliegen etwas schräg nach unten geneigt, stellt er gewissermaßen das Gleichgewicht für den ganzen Körper her, da die Flügel mehr nach dem Vordertheil hin wirken. Die Ansicht, der Schwanz biene der Taube gleichsam als Ruder, ist eine ganz irrige; Vögel verändern während des Fluges ihre Richtung nur dadurch, daß sie mit dem einen Flügel stärker als mit dem andern gegen die Luft streifen. Der Kiel der übrigen Körperfedern ist im Allgemeinen kurz zu nennen, wird gegen die Mitte des Schaftes hin stärker und nimmt rasch gegen das Ende zu ab.

Die Verdauungsorgane der Tauben sind von denen anderer Vögel wesentlich verschieden.

Der Schnabel ist schmal, leicht gekrümmt und an seiner Basis von der Membran der Nasenlöcher bedeckt, welche narbig und federlos ist, die Nasenlöcher selbst sind lang und schmal. Ganz gegen den Zustand bei den meisten anderen Vögeln ist der knochige obere Theil des Kinnbackens viel schmäler als der untere. Dies kann man ganz deutlich an einem trockenen Schädel, oder an einer jungen Nesttaube erkennen. Jedenfalls ist diese Eigenthümlichkeit von Bedeutung, da sie im engen Zusammenhange mit der Ernährung der Jungen steht. Der Schlund ist weit und öffnet sich in einen Kropf, nach beiden Seiten gehend, und hierin von dem Kropf des Huhnes abweichend. Von dem hinteren Theil des Kropfes geht eine Röhre durch den vorderen Theil der Brust in den inneren Körper, und erweitert sich etwas, bevor sie den Magen erreicht, in den sie einmündet; zugleich ist sie mit Drüsen besetzt, welche die zur Verdauung dienende Flüssigkeit absondern. Der Magen selbst ist fest und musculös, umgeben von einer dichten lederartigen Oberhaut, befähigt, das genossene Futter mit großer Schnelligkeit zu zermalmen, worin er von den durch den Vogel verschluckten kleinen Steinchen und Sandkörnern unterstützt wird. Die zu den Eingeweiden gehörige Röhre, welche das ursprüngliche Futter aufnimmt, ist gegen 8 Centim. lang und steht mit den übrigen Därmen in keiner

Verbindung, doch ist dies nicht der einzige Unterschied im Vergleich gegen viele andere Vögel, denn auch keine Gallenblase ist vorhanden, um die Ausflüsse der Leber aufzunehmen, welche sich auf einmal in den Canal entleeren.

Die Tauben nähren sich von vegetabilischen Substanzen, Körnern, Hülsenfrüchten, Grassamen und zeitweise von allerhand Grünem. Beim Fressen füllt die Taube den Kropf, welcher ein wahrer Ablagerungsort für Futter und Wasser ist, wie für alle ihm zugeführte Substanzen, welche durch die ihm beiwohnende Feuchtigkeit erweicht und verdünnt werden. Kleine Theile des so verdünnten Futters gehen nach und nach durch den Vormagen, wo sie mit Hilfe des Verdauungssaftes vollends verarbeitet werden und sodann in den Magen gelangen, in welchem sie vermöge der Muskelkraft und des verschluckten Sandes sich zuletzt in Brei verwandeln. In diesem Zustande gelangt das genossene Futter in die Eingeweide, woselbst es sich mit Galle und andern Abflüssen vermischt, um, nachdem es zur Ernährung des Vogels mit seinen nahrhaften Theilen gedient, seinen Ausgang durch den Canal zu nehmen. Die Eingeweide oder Därme der Taube sind zweimal so lang als die eines Habichts gleicher Größe, da die Nährstoffe aus vegetabilischen Stoffen sich nicht so leicht ausscheiden als aus animalischen. Der Canal ist vergleichsweise auch länger als der eines Huhnes, welcher seinerseits durch größere Weite für seine Kürze entschädigt wird. Beim Saufen taucht die Taube den Schnabel tief ins Wasser und thut einen langen Zug; sie consumirt überhaupt weit mehr Wasser als ein Huhn gleicher Größe.

Die Jungen, gewöhnlich zwei, sind meistens mit einem langen gelben Flaum bedeckt, der jedoch bei einigen Racen in gewissen Farben fehlt, wie z. B. bei silbergrauen und gelben. So wird man in demselben Nest eine junge nackte braune und eine junge schwarze mit langem gelbem Flaum bedeckt finden. Hülflos und unreif werden die Jungen mit einer milden geronnenen Substanz gefüttert, welche sich zur Zeit des Ausschlüpfens in dem Kropfe der Alten bildet. Die Aufbewahrung dieses breiartigen Futters kann keinen Aufschub erleiden, weshalb die Alten, wenn am 18. Tage des Brütens keine Jungen erscheinen, das Nest verlassen. Die Erzeugung gedachten Breies pflegt indessen auch einen oder zwei Tage früher zu erfolgen, denn wenn man dem Auslaufen nahe Eier einem brütenden Paare, welches 16 Tage gesessen, unterlegt, findet sich in den Kröpfen Nahrung für die Jungen. Die Bildung dieser sogenannten Taubenmilch ist bemerkenswerth, sie scheint durch den Brutproceß vor sich zu gehen, und erzeugt sich bei beiden Alten, obgleich die Täubin in der Regel 20 Stunden, der Täuber aber nur 4 Stunden, von 10 oder 11 Uhr früh bis 2 oder 3 Uhr

Nachmittags brütet. Je nachdem die Jungen zunehmen, vermindert sich die Menge des breiartigen Futters, und die Körner oder Sämereien, welche zur Nahrung der Alten dienen, werden mit ihnen gemischt; nach Verlauf von 8 bis 10 Tagen aber werden sie nur mit Körnern und dergleichen aus dem Kropf der Aeltern gefüttert, bis sie so weit sind, selbst fliegen und sich ihre Nahrung suchen zu können.

Tauben sind über alle Länder verbreitet und werden theils des Nutzens, theils des Vergnügens halber gehalten. Ihr Nutzen ist mannigfach, obgleich sie theilweise auch geringen Schaden verursachen. Ersterer ist jedoch überwiegend, und schlägt man noch das Vergnügen an, welches die Tauben den Liebhabern gewähren, so wird man gewiß zugeben, daß es die Aufgabe eines jeden Züchters sein muß, es sich angelegen sein zu lassen, die Taubenzucht nicht zu vernachlässigen, son= dern sie möglichst zu fördern, damit Nutzen und Vergnügen Hand in Hand gehen.

Die Arten der Haustaube.

Erste Gruppe.

Tauben, welche sich nur durch Farbe oder Zeichnung
auszeichnen.

I. Feldtauben.

1. a) Die wilde Feldtaube (Columba livia Br.).

   b) Die blaue Feld= oder die gewöhnliche Landtaube
(Columba domestica agrestis).

Die wilde Feldtaube ist nach neueren Forschungen die Stamm=
mutter unserer bekannten zahmen blauen Feldtauben, sowie der Mehrzahl der
heutigen Farbentauben. Da sie sich im Wesentlichen von ersterer durch
Nichts, als durch ihre Wildheit unterscheidet, so fassen wir in Nach=
folgendem die Beschreibung Beider in Eins zusammen.

Die Größe des sogenannten Feldflüchters beträgt von der
Schnabelspitze bis zum äußersten Schwanzende 34 — 36 Centimeter,
die Klafterweite 60 — 65 Centimeter, das Bein mißt bis 12 Centi=
meter, die Flügel reichen bis $2\frac{1}{4}$ Centimeter vor das Ende des
Schwanzes, die zweite Schwungfeder ist $17\frac{1}{2}$ Centimeter lang und
$2\frac{1}{2}$ Centimeter breit, die mittlere Schwanzfeder $12\frac{1}{2}$ — 13 Centi=
meter. Der dünne, feine, hornfarbige Schnabel ist 2 — $2\frac{1}{2}$ Centimeter
lang, seine Spitze etwas gekrümmt, die weiße Nasenhaut warzig, die
Stirn mittelhoch, die Augensterne schön rothgelb, die Augenlibränder

fleischfarben, Füße und Zehen nackt und karminroth, die Krallen horn=
farbig. Der Körper ist voll, der Hals kurz, der Kopf klein und glatt,
Füße stark und kurz, Flügel lang, Schwanz mittel. Die Farbe des
dicht anliegenden Gefieders ist hellblaugrau, bei der Täubin aber
dunkler, als beim Täuber; Kopf und Hals schieferfarbig, der Oberhals
grünglänzend, die untere Hälfte purpurfarbig glänzend. Der Unterleib,
von der Brust an, ist heller als der Oberleib, der Bürzel oder Steiß
weiß. Die zunächst am Schwanze stehenden mittelmäßigen oberen Deck=
federn und der Oberrücken sind hellaschblau; auf jedem Flügel laufen
zwei tiefschwarze, 3 — 4 Millimeter breite Querbänder (Binden) durch,
gebildet von den schwarzen Enden der Flügeldeckfedern und den hinteren
Schwingen; ebenso hat der Schwanz ein 2½ Centimeter breites,
schwarzes Querband, die zwei äußeren Schwanzfedern an den Seiten
sind mit einem weißem Saum versehen. Die Täubin ist etwas kleiner
als der Täuber, die Glanzfedern am Halse sind nicht so umfangreich,
der weiße Bürzelfleck am Unterrücken geringer und die Querbinden der
Flügel weniger intensiv, das ganze Gefieder aber grauer. Bei den
Jungen ist es vor der ersten Mauser mehr rothgrau, und wird nach
derselben heller, erst in der dritten Mauser ist das ganze Gefieder voll=
kommen ausgebildet. Diese Tauben sind die wildesten unter allen
unseren zahmen Haus= und Hoftauben. Sie leben nicht gern in Ge=
sellschaft mit anderen zahmen Tauben und haben am liebsten solche
Wohnungen, in denen sie ganz ungestört brüten können und nicht von
Menschen besucht werden; z. B. unter Dächern, wo man ihnen Nester
oder Kästen befestigt, oder in Höhlen, die man an den Wänden an=
bringt. Selten besuchen sie Taubenschläge oder Taubenhäuser; auch
kann man sie nicht leicht darein gewöhnen, zumal wenn sie schon in
Höhlen gewohnt haben. Sie suchen sich sogar von den Menschen zu
entfernen und nisten in alten Mauern, an Kirchen und Thürmen, die
nicht von Menschen besucht werden. Die Brut beginnt Ende April
und erstreckt sich auf drei, höchstens vier Male im Jahre bei einer
Lebensdauer von 8 Jahren. Krankheiten sind die Feldtauben
selten unterworfen, doch muß man für zeitweilige Reinigung der
Schläge sorgen Da der echte Feldflieger während des größten
Theiles des Jahres sein Futter selbst sucht, so haben unsere Land=
wirthe wenig Plage mit ihm, obgleich es viel besser rentirende
Taubenracen gibt, die bei derselben Behandlung fast das ganze Jahr
hindurch große, fleischige Junge liefern und in der Zeichnung viel
schöner sind. Wir kommen s. Zt., namentlich bei den Farbentauben
hierauf zurück. Die Eigenschaften der Tauben, sich das Futter selbst
zu suchen, ist eine angewöhnte. Es kommt nur auf Oertlichkeit und
Erziehung an, jede Taubenrace ohne Ausnahme zu Feldfliegern heran=

zubilden. Die auf den Straßen umherfliegenden, unter Dächern und Höhlungen brütenden, herrenlosen Tauben sind verwilderte Land= und Racetauben der verschiedensten Species, die aber mit der echten Landtaube, der zahmen Columba livia nicht das Geringste gemein haben; dasselbe gilt auch von der Mehrzahl der gewöhnlichen Landtauben, die wir unter dem Namen Feldflieger oder Feldflüchter überall auf den Dörfern finden. Betrachtet man die Tauben eines Bauernhofes, auf welche längere Zeit keine Sorgfalt verwendet wurde, so wird der oberflächliche Beobachter sie als zahme Col. liv. bezeichnen. Der wirkliche Kenner dagegen wird häufig auch nicht eine Spur von jener feinen, dünnschnäbeligen Taube finden, welche man mit Recht als der wilden Feldtaube am nächsten stehend betrachten muß. Die verwahrlosten Tauben unserer Landleute sind eben keine zahmen Col. liv., sondern ein Durcheinander von allen möglichen Taubenracen, dadurch entstanden, daß man Generationen hindurch keine Zwangspaarungen vornahm. — Bei Anschaffung von Feldtauben thut man am besten, wenn man im Herbste junge Thiere kauft und ihnen zum Frühjahr freiwillige Paarung gewährt. Alte Feldflieger gewöhnen sich sehr schwer und fliegen meilenweit nach dem alten Schlage zurück.

Aus der blauen Varietät der Landtaube entstehen die sogenannten hammerschlägigen oder hämmrigen Feldtauben, dann schwarzblaue, schwarze, rothgraue und andersfarbige, welche aber nicht schön lebhaft farbig sind. Da nun diese Feldtauben mit anderen, schöneren Tauben gepaart worden sind, so gibt es eine Unzahl von Bastarden, die man alle, wenn sie glatte Köpfe haben, Feldtauben nennt; sind aber solche Tauben gehäubt und gelatscht, so heißen sie Haustauben. Diese Bastarde haben verschiedene Farben und Zeichnungen, regelmäßige und unregelmäßige, auch ihre Größe ist sehr verschieden. Es sind sehr fruchtbare und dauerhafte Tauben, besonders, wenn sie nicht von einer zarten Race abstammen.

Die Farben der Bastarde sind gewöhnlich:

1) die licht= oder hellblaue, die eigentliche Grundfarbe der Haustaube, welche bei allen vorkommenden anderen Färbungen ihr ererbtes Hausrecht geltend zu machen sucht, besonders an Roth und Schwarz die reine Färbung verbirbt;

2) die hellblaugraue, ohne alle Auszeichnung;

3) die dunkelaschblaue;

4) die schwarzblaue oder schieferfarbige;

5) die schwarze oder schwarzgraue. In reiner Tiefe ist Schwarz eine prächtige Farbe; intensiver als bei jeder andern Färbung tritt hier der Metallschimmer zu Tage, welcher, genau besehen, drei Farben

zeigt: blau, grün, rothviolett; eine Zwischenfarbe ist braun, leberbraun, chocoladenbraun; sie geht über in

6) roth. Diese Farbe kommt sehr verschieden vor, fuchsigroth, ziegelroth, kupferbraunroth, grauroth und fahlroth. Die rothe Farbe mildert sich ab zu einer Zwischenfarbe, rostgelb, welche als eine sehr beliebte, schöne Taubenfarbe gelten darf;

7) die gelbe (ockergelbe), eine sehr milde angenehme Farbe und Lieblingsfarbe vieler Züchter, sie ist aber schwer in größter Reinheit zu erhalten. Eine Zwischenfarbe ist die weißgelbe (hellockergelb);

8) die fahle, mit und ohne Flügelbinden;

9) die silberfarbige oder mehlfahle;

10) die weiße, und zwar in solcher Reinheit, wie sie kaum noch bei einem andern Vogel vorkommt, gehoben durch den milden Metall= schimmer des Halses.

Alle diese Farben sind sowohl bei den glattköpfigen, wie bei den gehäubten Feldtauben zu finden.

Die einfarbigen Tauben aller Grundfarben (mit Ausnahme der weißen) und ihre Abstufungen und Mischungen finden sich mit und ohne Flügelbinden (Bänder, Schnüre, Striche); doch sind sie, ursprüng= lich schwarz, nur der wildblauen Stammfarbe eigenthümlich, und erst durch Vermischung derselben mit den Uebrigen haben sich die Flügel= binden auch diesen mitgetheilt, nachdem sich aus der gleichen Ursache die schwarze Farbe jener Bänder in alle Grundfarben und viele ihrer Schattirungen — wildblau und ihre helleren Abstufungen ausgenom= men — verwandelt hat.

Die am häufigsten vorkommenden Flügelbinden sind: 1) rein schwarze, 2) rein weiße, 3) weiße mit schwarzer Einfassung auf einer oder auf beiden Seiten, von welchen 2 und 3 am meisten geschätzt und 3 nur allein der blauen Grundfarbe und ihren Abstufungen und Mischungen eigen sind. Die rein weißen Binden dagegen finden sich bei allen vier Grundfarben, ihren Abstufungen und Zusammensetzungen; 4) rothe und gelbe finden sich bei den hellsten Abstufungen der rothen und gelben Grundfarbe; desgleichen bei der blauen und schwarzen, nebst ihren Uebergängen und Mischungen und daselbst einzeln auch weiß gesäumt; 5) schwarze und rothe, und schwarze und gelbe, auch wohl auf einer Seite weiß eingefaßt, sind ebenfalls der blauen und schwarzen Grundfarbe und ihren Uebergängen und Mischungen eigen. Bei allen diesen sind die Farben oft trübe und nicht so scharf gegen einander oder gegen die Körperfarben abgegrenzt wie bei 1—3; 6) melirte oder geschuppte. Was in Bezug auf die Farbenerzeugung möglich ist, besteht in Folgendem. Will man z. B. eine gewisse zwei= theilige Zeichnung erhalten, so paart man zwei Tauben, deren jede eines der beiden verschiedenen Abzeichen trägt, welche man an den Nachkommen vereinigt zu erhalten wünscht, und die passendsten Jungen wieder an die Aeltern ꝛc., bis zuletzt die zweitheilige Zeichnung rein und fest erzielt ist. Durch derartige Vereinigung der verschiedenen Abzeichen, wie sie unter den Ausartungen der Feldtauben vorkommen, sind nach und nach die meisten der vielfach zusammengesetzten, schönen Zeichnungen der Haustauben absichtlich oder zufällig erzielt worden.

2. Der Hohlflügel.

Diese Taube ist etwas schlanker und größer als die vorige, und fast ohne jegliche Auszeichnung, mit Ausnahme des Schwanzes, durch dessen Ende ein 2¹⁄₂ Centimeter breites graublaues Querband läuft. Der Kopf ist unbehäubt und etwas gedrungen, die Augen sind groß, mit gelblich rother, ins Dunkle spielender Iris, die Füße kurz und glatt. Die Farbe ist hellblau, ins Mehlfahle übergehend, von ganz gleichmäßigem Farbenton, der Hals röthlich glänzend (taubenhalsig) die Schwingen etwas dunkler und ohne sichtbare Flügelbinden. Hohlflügel nennt man diese Varietät der Feldtaube, weil sie keine dem Auge bemerkbaren Flügelbinden hat, trotzdem aber mit schwarzen Binden versehen ist, welche nur im Fluge oder nur dann sichtbar werden, wenn man die Lage blauer Deckfedern, welche die Binden verbergen, zurückschiebt.

3. Die hohlblaue Taube.

Sie hat ihren Namen von der Aehnlichkeit mit der Farbe der wilden Hohltaube (Columba oenas) und wird deshalb in manchen Gegenden auch wildblaue Taube genannt. Sie hat die Größe der zahmen blauen Feldtaube, ist aber breiter und untersetzter, der unbehäubte Kopf ist dicker, der Hals und die belatschten Füße kürzer. Das Gefieder ist licht= oder wildblau, der Schimmer am Halse verbreitet sich kaum über den Vorderhals, die Flügel sind ohne Querbinden, die Schwingen dunkel graublau, das Schwanzende ist mit einem breiten Querbande versehen, Schnabel und Krallen schwarz hornfarbig, der Augenstern röthlichgelb und der Augenlibrand röthlich. Ihrer Feder=füße wegen ist sie als Feldflieger wenig beliebt, dagegen ist sie ihres gutschmeckenden Fleisches wegen als Tafeltaube sehr zu empfehlen.

4. Die Flechttaube.

Diese in ihrer Einfachheit sehr schöne Taube ist bedeutend größer als die gewöhnliche Feldtaube, jedoch von schlanker Figur und edler

Haltung. Der Kopf ist unbehäubt, die Augen= und Schnabelfärbung der Grundfarbe des Gefieders entsprechend, welches blaugrau in verschiedenen farbigen Schattirungen ist. Ueber die Flügel laufen schmale schwarze Querbinden, die jedoch erst nach der zweiten Mauser scharf hervortreten. Die Flechttaube wird sehr selten und nur in einigen Gegenden Westfalens (Wupperthal) gefunden.

5. Die Elbe.

Das Eigenthümlichste dieser, der blauen Feldtaube sonst ganz ähnlichen Taube, ist die Färbung des Gefieders, welches röthlich asch= grau, oder aschgrau röthlich überflogen ist. Die Anlage dieser Miß= farbe ist sehr blaß, die Flügelbinden sind gewöhnlich röthlichbraun.

6. Die Feuertaube.
(Columba fulgons.)

Sie erinnert in der Gestalt lebhaft an einen starken Tümmler, und hat die Größe der mittleren Feldtaube. Der Kopf ist unbehäubt, die Füße sind häufig gestrümpft, die Farbe des ganzen Gefieders schwarzgrau mit einem äußerst brillanten kupferrothen Schiller. Dieser Metallglanz ist bei der Feuertaube intensiver, als bei irgend einer andern Taubenart und nicht nur am Halse, sondern am ganzen Körper gleichmäßig verbreitet, mit Ausnahme der Schwingen und des Schwan= zes. Im Sonnenglanz reflectirt die Taube so vortrefflich, daß sie förmlich strahlt und dann beinahe kupferroth aussieht. Sie ist sehr selten und gelangt in den Handel fast gar nicht. Von dem kupfer= flügeligen Bläschen (Kupferweißschwanz) unterscheidet sie sich nur da= durch, daß sie keinen weißen Schwanz und Stirnfleck (Bläschen) hat.

7. Die Gimpeltaube (Illyrische Taube).
(Columba Illyrica.)

Das Vaterland dieser in ihrer Färbung so eigenthümlichen, in Deutschland seit ungefähr 50 Jahren bekannten Taube ist bisher un= bekannt geblieben, obgleich der bedeutendste Taubenkenner Englands, Tegetmeyer in seinem beachtenswerthen Werke „The pigeons" Ruß= land als solches bezeichnet. Andere Schriftsteller verlegen dasselbe nach Süddeutschland und Tyrol. Keine andere Taube trägt ihren Namen so entschieden durch ihre Färbung zur Schau als die Gimpeltaube und zeichnet sich dadurch so auf den ersten Blick aus. Sie hat die Größe eines gewöhnlichen Feldfliegers und dessen ganze Haltung, ist jedoch

gedrungener und rundlicher in ihrer Form, sowie träger und schwer=
fälliger im Fluge. Der etwas eingezogene längliche, aber schön ge=
formte Kopf ist in der Regel mit einer Spitzkuppe versehen, es kom=
men jedoch auch breitkuppige und glattköpfige Exemplare vor, in letzter
Zeit sogar doppelkuppige, doch deuten diese auf Kreuzung. Der 2 Cen=
timeter lange und spitz zulaufende Schnabel ist entweder hell oder
dunkelhornfarbig, darf aber nicht gekrümmt sein, das ziemlich große
Auge feurig, der Augenring orange, die Libränder sind fleischfarben,
die unbefiederten Füße lebhaft roth, die Krallen hornfarbig, das Ge=
fieder voll und dicht. Der Kopf, Hals bis zum Oberrücken, die Brust
und der Unterleib incl. der Schenkel erscheinen auf den ersten Blick
kupferbraunroth, oder sind zimmetgelb oder blutroth, metallschimmernd;
alle Körpertheile gleichmäßig gefärbt. Der Ober= und Unterrücken und
die Flügel sind entweder schwarz, jede Feder mit einer grün, stahlblau
und metallglänzenden Einfassung, oder in jüngster Zeit auch blau, zu=
weilen als Seltenheit mit weißen Binden, der Schwanz ist schwarzgrau
und am Ende mit einem zwei Finger breiten Querbande versehen; be=
sonders elegant ist eine Varietät unter dem Namen Spiegelgimpel.
Diese haben gelbe oder braune Brust, weiße Flügel und mit der Brust
gleichfarbige Binden. Es gibt auch Gimpeltauben mit weißen Abzeichen
als: weiß gespießte, bei welchen die 6 vorderen Schwingen weiß sind;
solche mit weißem Oberkopf, vom Schnabelwinkel an durch die Augen
gehend, und solche mit weißem Stirnflecke, bei beiden Zeichnungen mit
weißen Spießen. Es fallen auch zuweilen weißflügelige, ganz weiße,
gelbe und rothe Abänderungen von gewöhnlichen Gimpeln. Sind die
Weißköpfe rein gezeichnet, so gehören sie mit den 3 abstechenden Farben
von schwarz, weiß, gelb, zu den schönsten Taubenracen. Bei reinen
Weißblässen ist der Oberschnabel weiß, der untere dunkel. Die Gimpel=
taube trägt in der Jugend ein blaugraues Kleid, das sie auch im
Alter behält, nur mit dem Unterschiede, daß sich nach der Mauser die
Oberfläche der Federn mit einem ganz außerordentlichen Metallglanz
überziehen. Dieser Glanz nimmt am Kopf, Hals und Brust einen
gelben oder rothen Schimmer, auf den Flügeln, dem Rücken und
Schwanz einen bronzegrünen Schiller an. Je glänzender die Taube
ist, desto schöner ist auch die Färbung, fehlt es aber an Glanz, so
fehlt es auch immer an Färbung. Häufig kommt es vor, daß der
rothe oder gelbe Metallglanz auf den Federspitzen etwas knapp angesetzt
ist, wodurch der graublaue Flaum zwischen den einzelnen Federn, da
dieser von den jeweilig höher stehenden Federn nicht überdeckt wird,
zum Vorschein kommt; durch diese Erscheinung verliert die Taube be=
deutend an Schönheit. Der Gimpel ist zart und von schwächlicher
Constitution, dabei aber ziemlich gut in der Vermehrung, doch fällt

mitunter die Nachzucht fast werthlos aus. Es wäre wohl zu wün=
schen, wenn man der Zucht dieser schönen, ziemlich vernachlässigten
Taubenrace größere Aufmerksamkeit widmete, da sie nicht häufig, in der
Regel sehr mangelhaft gefunden wird. Am schönsten trifft man sie
noch in Süddeutschland und Tyrol.

8. Die Eistaube. (Mehl= oder Lasurtaube.)

Diese schöne Taube ist nicht sehr häufig, und findet sich zumeist
in Schlesien; erst in neuerer Zeit ist sie mehrfach auf Ausstellungen
und Taubenmärkten vertreten gewesen und stark gekauft worden. Sie
hat ihren Namen von der helllasur= oder silbergraublauen, dem bläu=
lichen Eise sehr ähnlichen Farbe ihres Gefieders. In Größe und Ge=
stalt stimmt sie ziemlich mit der Hohltaube überein, steht und geht
niedrig. Der glatte Kopf ist verhältnißmäßig groß, der Schnabel
kräftig hornfarbig und weißlich bepudert, die Iris schön orangegelb mit
rother Einfassung, die Augenlibränder sind silbergrau, der Hals und
die belatschten Beine kurz, die Krallen schwarz. Sie ist reich= und
weichbefiedert und die oben beschriebene treffliche Färbung am ganzen
Körper von gleichem Tone, die großen Schwungfedern sind etwas
dunkler, der Unterrücken weißlich. Ueber die Flügel laufen zwei schöne,
schmale, reinweiße, auf beiden Seiten tiefschwarz zierlich eingefaßte
Querbinden, und am Ende des Schwanzes, dessen beide Eckfedern weiß
gesäumt sind, ein daumenbreites schwarzes Querband. Der Hals ist
sanft rosenroth und apfelgrün, metallschimmernd, die ganze Färbung
der Taube überhaupt ungemein lieblich, zart und duftig.

Vielfach ist die Meinung verbreitet, das Gefieder der Eistaube
färbe ab, weil, wenn man z. B. mit einem dunkelfarbigen wollenen
Lappen darüber reibt, derselbe weißstaubig wird. Dieser Staub ist
aber keine abgeriebene Farbe, sondern vertrocknete Fetttheilchen, welche
die Taube mit dem Schnabel aus den Steißbrüsen drückt, und
beim Putzen zwischen die Federn streicht, wo sie sich nach und nach
in Staub verwandeln. Auf diese Weise färben mehr oder weniger
alle Tauben ab.

Die Eistaube ist scheu und etwas kalten Temperaments. Sie ist
auch gut in der Zucht, widersteht der Zwangspaarung aber oft auf's
Hartnäckigste, indem der Täuber wochenlang stumm und theilnahmlos
neben der Täubin sitzt, aus dem Paarkäfig befreit, sich aber augen=
blicklich mit ihr vereinigt.

Eine neue, sehr schöne Varietät der Eistaube ist die „Porzelan=
taube", deren Deckfedern der Flügel, der Schultern, des Ober= und
Mittelrückens mit schmalen weißen, schwarz eingefaßten Fleckchen geziert

find, ähnlich denen, welche die Flügelbinden formiren und auf gleiche Weise unregelmäßig zusammenhängende schwarzweiße Adern bilden, einem Netze oder Gitter ähnlich.

Melirte Feldtauben.

Ihr Gefieder, gewöhnlich eine dunkle Mittelfarbe mit vielem Metallglanz, zwischen schwarz und braun, bronze, purpurgrau, ist in trefflicher Schattirung gestopfelt, getupfelt oder geschuppt, und zwar jede Feder in zwei oder drei verschiedenen Farben; gewöhnlich auf den Obertheilen, auf den Schultern und Deckfedern der Flügel.

1. Die hammerschlägige Taube.

Ihre Grundfarbe, lichtblaugrau oder aschgrau, ist mit schwarzblauen Flecken oder Tüpfeln versehen. Man nennt sie hammerschlägig, weil diese Flecken das Aussehen derer haben, die man mit einem Hammer auf kaltes Eisenblech schlagen kann. Die Querbänder oder Flügelbinden sind nicht so rein, als bei der lichtblaugrauen, dafür aber breiter und ganz auslaufend.

2. Die gelerchte Taube.
(Koburger Lerchentaube.)

Es ist dies eine schön gebaute, stattliche Taube, aber größer und stärker als die gewöhnliche blaue Feldtaube, auch etwas breiter. Der Kopf ist lang und schmal, glatt oder spitzgehäubt, Nasenhaut und Augenringe sind ziemlich entwickelt, der Schnabel etwas länger und breiter wie bei der Feldtaube (aber mit dem Kopfe eine grade Linie bildend), und gelblich fleischfarbig; die Füße stark und unbefiedert. Die Taube hat das Ansehen, als ob sie von einer Gimpel- und von einer Römischen Taube abstammte, und constant geworden wäre; so ist auch ihr Gefieder fahl mattgrau oder bronzefarben, in sehr dunkler Anlage nach oben; auf der etwas breiten Brust beginnt 2¼ Centim. unterm Schnabel eine schöne gelbe Mondzeichnung, welche sich nach den Füßen hin ausbreitet und allmälig ins Graue übergeht. Der Kopf ist graufahl, die Flügel- und Schulterfarbe ist perlgrau, auf jeder Feder mit einem feinen dreieckigen, röthlichbraunen, dunkelbraunen oder schwarzen Flecken versehen (gehämmert), die fast das Schwanzende erreichenden Schwingen sind mattgrau gehalten, die Flügelbinden sind reiner und regelmäßiger als bei der vorigen. Es gibt auch gelbe Lerchentauben mit denselben Abzeichen. In Thüringen kommt sie fast in jedem Orte

vor und ist sie dort ihres Nutzens wegen sehr beliebt, da sie meilen=
weit ins Feld fliegt um Nahrung zu suchen; sie brütet sehr gut und
sind die Jungen sehr fleischig und schmackhaft.

3. Die Schimmel= oder schimmelige Taube.

Die Deckfedern der Flügel und Schultern sind schwarzblau und
weiß durcheinander gemischt, gleich der Farbe eines noch nicht zu alten
Schimmelpferdes. Die Brust ist olivengrün glänzend, der übrige
Körper purpur schieferfarben. Auf jedem Flügel sind zwei schwarze
Querbinden, und ein gleiches, breites Querband am Ende des
Schwanzes.

4. Die Schuppen= oder karpfenschuppigen Tauben.

a) Die Blauschuppe.

Der Körper ist rothgrau, der Mantel blau und schwarz geschuppt.

b) Die Grau= oder Nagelschuppe.

Sie ist am Oberleibe schwarzgrau, der Mantel schwarz=roth=blau
melirt, der Unterleib purpurgrau, der Schwanz aschblau mit einem
dunklen Querbande.

c) Die Schwarzschuppe.

Der Oberleib ist schwarz und weiß geschuppt, der Unterleib grau=
schwarz, nach dem Schwanze zu hellbraun. Sie ist von etwas unter=
setztem Körperbau.

d) Die Roth- oder Kupferschuppe.

Die Flügel sind gewöhnlich blau= oder grauroth und weiß ge=
schuppt. Der Unterleib ist schwarz oder schwarzgrau, der Schwanz
etwas dunkler als der Unterleib. Im Wuchse ist sie der vorigen gleich.

Bei allen karpfenschuppigen Tauben ist das Auge rothgelb, gelb,
der Schnabel und die Krallen sind entsprechend dunkel. Alle sind sehr
dauerhafte, gutselbende und fruchtbare Tauben von hübschem Ansehen.
Wirklich prachtvoll sind einige der in Frankreich gezüchteten, zu den
Schuppen gehörigen Panzer=Tauben (pigeons maillés), worunter na=
mentlich die himmelblauen (Jacyntho), die feuerfarbigen (maillé de feu),
die holzfarbenen (noyer) und die fleischfarbenen (pêcher).

II. Farbentauben.

Die gezeichneten oder Farbentauben sind ein Product der künstlichen Zusammenpaarung in verschiedenen Farben und obwohl man annehmen kann, daß die Domesticirung und künstlich geleitete Zusammenpaarung nicht ohne Einfluß auf die Farbenzeichnung der Tauben geblieben ist, so ist doch nicht zu verkennen, daß die eigenthümlichen Farben und Zeichnungen bei ihnen in Folge eines nach bestimmten Gesetzen wirkenden Naturprocesses stattgefunden.

Zu den Farbentauben zählt man in der Regel auch die Schecken, d. h. Tauben, welche eine unregelmäßige Zeichnung an ihrem Gefieder haben. Man findet die Farbentauben in allen oben bezeichneten Farben, sogar dreifarbig, gewöhnlich schwarz, weiß und roth und zwar:

Mit eintheiliger Zeichnung: Eine solche Zeichnung nimmt blos einen Theil des Körpers ein, z. B. den Kopf, den Oberrücken, Schwanz oder Scheitel, und zwar:

1) farbige mit weißem Kopf oder blos weißem Scheitel;
2) farbige mit weißem Schwanz;
3) farbige mit weißem Oberrücken. Die Zeichnung ist herzförmig, nur die Rücken= und Schulterfedern sind gezeichnet.

Weiße mit farbiger Zeichnung:

1) Weiße mit farbigem Kopf oder Scheitel;
2) weiße mit farbigem Oberrücken, wie obenbenannte herzförmige Zeichnung;
3) weiße mit farbigen Flügeln oder nur mit farbigen Spitzen d. h. Schwungfedern;
4) weiße mit farbigem Schwanze.

Mit zweitheiliger, regelmäßiger Zeichnung: Farbige mit weißem Kopf und weißen Spitzen oder weißen Flügelbinden, so wie auch weißem Schwanze. Ferner auch weiße mit farbigem Kopfe farbigen Flügeln, oder auch mit farbigem Kopfe und Schwanze u. dergl. m.

Mit breitheiliger Zeichnung: Mit weißem Kopfe, weißen Flügelbinden und weißem Schwanze zu einer farbigen Abtheilung.

Mit viertheiliger, regelmäßiger Zeichnung: Farbige mit weißem Kopfe, weißen Flügelbinden, weißen Schwungfedern und weißem Schwanze. Die mit drei= oder viertheiliger Zeichnung sind nicht so häufig, als die mit ein= oder zweitheiliger Zeichnung. Alle diese regel= mäßigen Zeichnungen findet man häufig bei den Bastarden, und der Nichtkenner hält und kauft sie für reine Racen. Der Bau des Kör= pers, die Größe und die Kennzeichen des Kopfes, der Augen und des Schnabels, der Haube oder Kuppe, des Halses und der Flügel, des

Schwanzes und der Füße weisen jedoch aus, ob es wirklich ächte, reine Race ist.

Ueber die Farben selbst sagt der gründliche Kenner der Tauben, Fr. Führer, Folgendes: „Hat eine blaue, oder schwarze, oder rothe, oder gelbe Taube einzelne Theile weiß, so gelten folgende Benennungen: 1) Stirnfleck (Bläschen), geht von der Schnabelbasis oval oder eckig nach oben; 2) Scheitelband, läuft von der Schnabelbasis strohhalm= breit über den Scheitel; 3) Scheitelplatte (Bläße), Stirn und Scheitel bis zum Oberrand des Auges herab; 4) Halbkopf (Bläße), Stirn und Scheitel bis zum Schnabelwinkel und zur Mitte des Auges herab; 5) Kopf, das ganze Gefieder des Kopfes; 6) Bärtchen, die Befiederung der Unterkinnlade; 7) Brustbinde, an der Oberbrust ein mit den Spitzen nach oben gerichteter Halbmond; 8) Flügel= binden; 9) Schwungfedern; 10) Schild nennt man sämmtliche von oben sichtbare Federn der Flügel (mit Ausnahme der Schwung= federn); 11) Herz nennt man einen großen Fleck, der sich über die Vorderhälfte des Rückens und den daran grenzenden Theil der Flügel erstreckt; 12) Sattel, die Hinterhälfte des Rückens; 13) Schwanz.

Viele Farbentauben haben auf weißer Grundfarbe wildblaue, oder schwarze, oder rothe oder gelbe Flecke, wobei die ange= führten Benennungen gleichfalls gelten, und wobei der Stirnfleck auch Schnippe heißt.

Es gibt ferner Tauben von wildblauer, schwarzer, rother, oder gelber Grundfarbe mit Flecken von einer der genannten vier Grund= farben; endlich eben solche, bei denen auch noch Flecke von weißer Farbe hinzukommen.

Bei allen Tauben richtet sich die Farbe der Iris, wenn das Thier erwachsen ist, in der Regel nach der Grundfarbe des Gefieders; ist diese weiß, so ist die Iris gewöhnlich schwarz= oder dunkelbraun; bei den vier anderen Grundfarben ist sie feuergelb; bei einigen Racen findet sich auch die perlfarbige (helle) Iris, was für eine Schönheit gilt. Der Schnabel der erwachsenen Tauben ist bei dunkelblauer und dunkel= schwarzer Grundfarbe in der Regel schwarz; sind die zwei genannten Grundfarben heller, so ist auch der Schnabel nur schwärzlich oder bläulich hornfarbig; — bei der rothen und dunkelgelben Grundfarbe ist er bräunlich=fleischfarbig; bei der hellgelben und weißen hell=fleischfarbig bis elfenbeinweiß .... Die Farbe der Nägel richtet sich nach der des Schnabels.

Zweierlei Farbe der Augen gilt für einen Fehler; ebenso bei einfarbigen Tauben fleckige Schnäbel und Nägel.“

Die Federzierden mancher Farben= und Vollblutrace=Tauben sind folgende: 1) Die Spitzhaube, den Hinterkopf zierend; — 2) Die

Querhaube (Krone, Muschelhaube, Breithaube), auf dem Hinterkopf einen Halbkreis bildend. Bei vielen Trommeltauben und wenigen anderen Vollblut=Racetauben steht auf der Stirn noch eine kleine Haube, Stirnkuppe oder Schneppe genannt. — Muschelhaube und Stirnkuppe bilden zusammen die Doppelkuppe: — 3) Die Hosen, verlängerte Federn des Unterschenkels; — 4) Die Strümpfe, Befiederung des Mittelfußes bei federlosen Zehen; — 5) Die Latschen, Befiederung des Mittelfußes und der Zehen; die längsten Federn sitzen an der Außen= seite des Mittelfußes und an der Außenseite der äußeren Vorderzehe.

1. Der Staarhals.

Diese hübsche Taube hat die Größe der blauen Feldtaube, und ist hinsichtlich ihrer besonders empfehlenswerthen Eigenschaften zum Felden, unbedingt allen übrigen Feldtauben vorzuziehen. Der Staar= hals, auch Trauertaube benannt, hat fast immer zu gleicher Zeit Junge und Eier nebeneinander, und felbet bei jedem Wetter, so lange der Boden nicht mit Schnee bedeckt ist, Winter und Sommer hindurch. Er hat für Züchter feiner Racetauben insofern hohen Werth, als er fast alle Jungen fremder Paare, wenn sie ihm, Futter begehrend, nach= laufen, mit auffüttert. Er gehört zur Race der Schweizertauben, hat einen glatten Kopf, mittelhohe Stirn, der Schnabel ist kräftig und nebst dem Auge der schwarzen Grundfarbe des Gefieders entsprechend; ersterer schwarz, dieses feurig rothgelb. Die niedrigen Beine sind häufig mit Latschen versehen. Das glattanliegende Gefieder ist tief atlasschwarz, purpurmetallglänzend, stark taubenhalsig, mit einem finger= breiten, 4 bis 6 Centim. langen, die beiden Spitzen nach oben gerich= teten, weiß gestaarten, in der Mitte nicht gespaltenen Halbmond vor der Brust. Dieser nicht scharf abgegrenzte Halbmond auf dem tauben= halsigen Grunde und die schmalen, blendend weißen Flügelbinden, welche auch zuweilen regelmäßig unterbrochen sind und dann weiße Perlen an= statt der Binden bilden, verleihen dieser Race eine große Schönheit. Ins Röthliche fallender Halbmond und dergleichen Flügelbinden sind ein Fehler. Je schmäler übrigens Halbmond und Flügelbinden, desto schöner. Vor der ersten Mauser sind diese weißen Abzeichen häufig rostroth und erscheinen erst nach dem Federwechsel rein weiß. Im Nest= gefieder fehlt den Jungen jedoch diese Zeichnung der Brust und Flügel. Der gestaarte Halbmond wird nach dem dritten Lebensjahre immer weißer, größer und unförmiger, ebenso färben sich die Spitzen der großen Schwungfedern weißlich und zuletzt wird der Scheitel grau.

Der Staarhals ist eine sehr gut fliegende und, wie schon bemerkt, äußerst fruchtbare Taube, die jedoch selten in den Handel gelangt. Sie ist die einzige Race, die in den sogenannten Hungermonaten beide Jungen mit dem nöthigen Futter zu versorgen weiß und aufzieht. Sie zeichnet sich noch besonders durch fleißiges Revieren aus, besitzt alle Eigenschaften einer vorzüglichen Feldtaube und dient gewöhnlich den anderen beim Felden zum Anführen. Sie ist jedem Landmanne zu empfehlen, der eine schöne und nutzbare Feldtaube sucht; nur muß er solche Exemplare wählen, die glattfüßig sind. Gleich vielen anderen Feldtauben hält sich der Staarhals am liebsten zu seines Gleichen. Man findet ihn auch in blauer oder rother Färbung, doch ist diese Farbenstellung zu den weißen Auszeichnungen nicht schön.

2. Die Schweizertaube.
(Columba Helvetiae.)

Diese Taube, welche auch Mond=, Halbmondtaube oder Ordens= band genannt wird, ist in Gestalt und Haltung dem Staarhals ähnlich, jedoch nicht voll so groß. Sie hat die Größe der Feldtaube und ist eben so flüchtig und leicht im Fluge, sonst aber ziemlich weichlich und vermehrt sich schlecht, namentlich die Varietät mit gelben Abzeichen. Wenn sie gut fortzüchten soll, muß öfterer Blutwechsel vorgenommen werden, da sie, wie schon bemerkt, sehr zart ist. Der Kopf ist unbe= häubt, das Auge nebst Lid, Schnabel und Krallen sind, der Grund= farbe des Gefieders entsprechend, stets hell gefärbt; das Bein ist stark belatscht, die Schwingen reichen bis 2 Centim. vom Schwanzende. Das dichte, weiche Gefieder ist atlasweiß, ins Milchgelbe, Röthliche oder Silberfarbige spielend, je heller und gleichmäßiger am ganzen Körper, desto schöner. Die Brust ist, je nach diesen Schattirungen mit einem fingerbreiten, 6 Centim. langen, mit den Spitzen nach oben ge= richteten, gelben, röthlichen oder schwärzlichen, taubenhalsig schimmern= den Halbmond geziert, welcher vom Unterhalse quer über die Brust läuft. Im Genick darf die Taube keine dem Monde auf der Brust ähnlichen Federn haben, ein Fehler, der öfters vorkommt und bei der Nachzucht sich stets verschlimmert. Die flüggen Jungen haben keine Mondzeichnung auf der Brust, sie wird erst nach der ersten Mauser sichtbar. Die gleiche Farbe, wie der Halbmond, haben die feinen, schmalen Flügelbinden, ein daumenbreites Querband, das jedoch heller als die Flügelbinden ist, befindet sich oft bei den dunkleren Nüancen am Schwanzende. Jemehr die Grundfarbe sich dem reinen Weiß nähert, und je dunkler und schwächer gleichzeitig die Abzeichen sind, desto höher wird die Taube geschätzt. Sie ist eine ganz eigene Art und benimmt ihr Kreuzung allen Werth. Im südlichen Deutschland und in der Schweiz findet sie sich häufig ohne Flügelbinden mit glatten

2*

Füßen und gelblichem Halbmond (Gold= oder Brustelben), obgleich ganz große Latschen dieser Race eigenthümlich zu sein scheinen; man zählt zu den Schweizertauben, außer dem Staarhals, noch die ihr an Größe und Gestalt ähnlichen, einfarbigen Tauben ohne Halbmond, aber mit weißen Flügelbinden. Die, wenn auch sehr selten vorkommenden rothen und gelben Schweizertauben mit Halbmond und dunklen Augen, hervor= gegangen aus passender Verpaarung mit dem blauen Staarhals, sind eine sehr schöne Varietät, die von Liebhabern mit hohen Preisen bezahlt werden. Die Schweizertauben finden sich überhaupt nicht häufig und kommen nur in Sachsen, Thüringen und Schlesien vor.

3. Die weißbläffige Taube.
(Columba maculata.)

Diese sehr hübsche Taube ist in Größe und Gestalt der Schweizer= taube ähnlich und stammt ebenfalls aus Süddeutschland. Der Kopf ist unbehäubt, der Oberschnabel weiß, der Unterschnabel dem Gefieder ent= sprechend dunkel, ebenso die Krallen; die Beine sind entweder glatt oder etwas befiedert. Man hat diese Taube mit zwei= oder breitheiliger Zeichnung. Auf dem Kopfe hat sie ein weißes, ovales Bläßchen, wel= ches ungefähr 9 Millim. lang und 3 bis 4 Millim. breit ist. Sie findet sich mit und ohne Flügelbinden, häufig auch mit weißem Schwanze. Die Hauptfarben sind entweder blau, schwarz, gelb oder roth. Sie ist schneller und flüchtiger als die gewöhnliche Feldtaube, feldet aber vor= züglich und kommt in folgenden Varietäten vor:

a) Das gemeine Bläßchen

in allen Grundfarben mit weißem, regelmäßig gestaltetem, ovalem Stirn= fleck, welcher an der Schnabelwurzel beginnend, ca. 5 Millim. breit und 9 Millim. lang, in der Mitte der Stirn nach dem Oberkopf läuft. Der Schwanz ist immer weiß.

b) Das weißbindige Bläßchen.

Es ist dies eine sehr hübsche Taube von schwarzer oder blauer Grundfarbe mit weißer Bläße, weißem Schwanze und weißen oder weißen mit schwarz eingefaßten Flügelbinden. Weißbindige Bläßchen von anderer Grundfarbe, roth oder gelb, sind ziemlich selten.

c) Das weißschuppige Bläßchen.

Diese Varietät hat außer dem Bläßchen und dem weißen Schwanze auf der schwarzen Grundfarbe weißgeschuppte Flügeldecken mit weißen Querbinden; die von blauer Grundfarbe haben schwarze Binden. Die großen Schwungfedern der schwarzgrundigen Varietät sind schwarz mit gelblichweißen Spitzen, ebenso haben auch die Flügeldeckfedern theilweise einen gelblichen Anflug.

d) Das kupferflügelige Bläßchen

ist eine der wenigen dreifarbigen Tauben und unbedingt das schönste ihrer Sippe. Es steht niedriger und ist etwas kürzer und breiter, als die drei vorhergehenden und größtentheils gestrümpft. Die Grundfarbe des Gefieders ist dunkel, im Jugendkleide schwarz graubraun, erst mit dem Federwechsel färben sich die entsprechenden Körpertheile kupferroth und nimmt dann der Körper einen außerordentlichen Metallglanz an. Der Hals und die Brust sind schön olivengrün glänzend, die Deckfedern der Schultern und Flügel dunkelkupferroth metallglänzend, der Unter= leib vor der Brust hellaschgrau. Der Stirnfleck und Schwanz sind weiß, die weißen Flügelbinden fehlen. Besonders gut nimmt sich diese Taube beim Fluge im Sonnenschein aus; sie fliegt niedrig und hängt öfter die Flügel ein wenig zur Seite, ist munter und gut in der Ver= mehrung, trotzdem aber nicht sehr häufig.

4. Die Pfaffentaube.
(Columba cristata.)

Diese überall mit Vorliebe gezüchtete Taube ist etwas größer, als die gemeine Feldtaube, eben so schnell und flüchtig und seldet vorzüg= lich. Sie zerfällt in folgende Varietäten:

a) Die eigentliche Pfaffentaube,

auch Mönch, oder Weißbläße genannt, ist von guter Haltung und nicht viel größer, als die blaue Feldtaube. Der Kopf ist breitgehäubt und bildet eine sogenannte Kronen= oder Muschelhaube, die Stirn breit, das Auge, der Grundfarbe des Gefieders entsprechend, hell oder dunkler gelb, die Füße sind belatscht, die Krallen hornfarbig, der Oberschnabel weiß, ebenso der Scheitel. Man findet sie in Schwarz, Blau, Braun= roth oder Gelb, so wie in allen Zwischenfarben, auch melirt, mit und ohne Flügelbinden. Die Schwarz=, Roth= und Gelbpfaffen sind die beliebtesten, die Färbung muß jedoch stets ganz gleichmäßig sein und darf nie nüanciren. Die Gelben sind weichlich und züchten schlecht. Der Oberkopf muß rein weiß sein, und darf sich die Scheidelinie vom Schnabelwinkel nur mitten durchs Auge ziehen, so daß dieses oben im weißen, unten im farbigen Theile des Kopfes steht und die ganz far= bige Muschelhaube begrenzt. Schön ist ferner ein kleiner, runder, erbsengroßer Fleck auf jeder Seite zwischen Schnabel und Auge, womit die Grundfarbe ins Weiße hineinragt. Man nennt diese Flecke die Augenplützchen oder Mücken. Ein entschiedener Fehler dagegen ist es, wenn das Weiße des Scheitels unter dem Auge weggeht, auch dürfen die den Scheitel begrenzenden Federn der Haube nicht weiß, sondern ihre Färbung muß durchaus gleichmäßig sein. Bei manchen Exemplaren sind die Spieße brandig, d. h. abgeblaßt, was von Kennern ebenfalls als Fehler angesehen wird. Häufig findet man diese und die nachfolgenden Unterarten mit Doppelhauben, d. h. außer der gewöhnlichen Kopfhaube noch ein Federsträußchen dicht an der Nasenwurzel.

b) Die weißlatschige Pfaffentaube.

Sie unterscheidet sich von der vorigen nur durch ihre weißen, im Kniegelenk abschneidenden Lätsch'chen, auch ist sie feiner, als die eigentliche Pfaffentaube.

c) Die weißbindige Pfaffentaube

ist eben so fein, wie die weißlatschige Pfaffentaube, und hat außer ihren Lätsch'chen noch schmale, weiße Flügelbinden, die bei blauer Grundfarbe schwarz eingefaßt sind. Besonders schöne Varietäten sind die silbergrauen, rothen und gelben Pfaffentauben in vorstehender Zeichnung, doch sind sie sehr selten. In manchen Gegenden werden sie Strichbläßen genannt.

d) Die weißbindige, weißspießige Pfaffentaube,

auch Schwingbläße genannt, ist ebenso gezeichnet wie die vorige und hat daneben noch weiße Spieße, d. h. die großen Schwungfedern an jedem Flügel sind weiß.

e) Die weißbindige, weißspießige Pfaffentaube mit weißem Schwanze,

mit vorstehenden Abzeichen und weißem Schwanz. Sie kommt fast nur in Schwarz oder Blau vor. Die Rothen und Gelben sind Seltenheiten.

f) Die gestaarte, bindige, weißspießige und geschwänzte Pfaffentaube. (Hohenzollerntaube).

Diese Varietät ist in ihrer vollständig reinen Zeichnung unter allen Pfaffentauben die schönste und eigenthümlich gezeichnetste. Sie ist höchst selten und nur in den Hohenzollernschen Landen und am obern Neckar zu finden, jedoch nur in schwarzem Gefieder und ohne Lätschen und mit 7 weißen Schwungfedern.

Anstatt der weißen Spieße hat man bei den verschiedenen oben beschriebenen Varietäten auch solche mit gespiegelten oder gefinkten

Spießen. Die sämmtlichen Schwungfedern sind von der Grundfarbe des Gefieders, schwarz, und an der Spitze einer jeden derselben befindet sich ein dreieckiger oder rundlicher, erbsengroßer weißer Fleck, welcher jedoch erst nach der ersten Mauser sichtbar wird, auch kommen zuweilen anstatt der weißen Flügelbinden weißgeperlte Flügelschnüre vor.

g) Die gestaarte silberschuppige Pfaffentaube.

Alle vorstehend beschriebenen Zeichnungen der Pfaffentaube kommen auch auf melirtem Grunde vor, und ist die schönste darunter und überhaupt eine der schönsten Tauben die gestaarte silberschuppige oder die Silberbläße. Sie hat die Größe einer schwachen Feldtaube, ist ursprünglich spitzkuppig, ohne Bläße und heißt in dieser Zeichnung die Silberschuppe, zum Unterschiede von der vervollkommneten Varietät der muschelhäubigen und weißbläßigen Pfaffentaube, mit der wir es hier zu thun haben. Diese Taube ist selten und kommt fast nur in Schwaben vor, verdient aber eine recht allgemeine Verbreitung.

Der Schnabel ist hornfarbig, das Auge, je nach der vorherrschenden schwarzen oder weißen Farbe des Gefieders, gelb mit Orangeeinfassung oder schwarzgrau. Die Fußwurzel ist schwarz befiedert, die Krallen sind schwarz. Kopf, Hals und Brust (der erstere mit Ausnahme der Bläße) sind mattschwarz, taubenhalsig gestaart, d. h. der schwarze Grund ist mit weißen, metallisch hellroth und apfelgrün schillernden Federstrichen gleichsam wie glasirt, welche, nach dem Unterhalse immer zahlreicher und perliger werdend, vor der Brust einen fingerbreiten emaillirten, in den genannten Farben schillernden, halbmondförmigen Ringkragen formiren, dessen Spitzen sich am Hinterhals berühren.

Die Deckfedern der Flügel, die Schulter- und Oberrückenfedern sind an der Wurzel schwarzgrau, an den Spitzen, soweit sie nicht bedeckt sind, scharf abgeschnitten, weiß und ganz graugelblich gerändert, mit feinen schwarzen Schäften. Diese Theile erscheinen dadurch wie mit Spitzenschmelz überzogen, dem Gefieder des Silberfasans ähnlich.

Der Unterrücken und Bauch sind ebenfalls mattschwarz, die großen Schwing- und Ruderfedern etwas dunkler, erstere schön gespiegelt, letztere am Ende mit einem 2½ Centim. breiten schwarzen Bande versehen.

Je feiner, zarter und spitzenartiger Flügel, Schultern und Rücken gezeichnet, je heller diese Theile und je dunkler dagegen die übrigen sind, um so schöner und werthvoller ist die Taube. Jene erscheinen durch die Einfassung der Federn zuweilen röthlich fleischfarben. Je nach der helleren oder dunkleren Nüance der Flügeldecken, werden auch

bie weißen, schwarz eingefaßten Flügelbinden sichtbar; diese Tauben hat
man auch mit weißen Schwingen und weißem Schwanze.

5. Die eigentliche Mönchtaube.

Diese Taube ist ebenfalls größer als die gemeine Feldtaube und
nicht so leicht und schnell in ihrem Fluge. Sie unterscheidet sich von
der Pfaffentaube nur badurch, daß bei ihr nicht blos der Scheitel,
sondern auch der ganze Kopf weiß ist. Die Grenzlinie soll dicht un=
ter dem Kinn, unter ben Augen und zwischen Hinterkopf und Nacken
sich hinziehen, scharf abgeschnitten gegen die farbigen Theile. Weiß
gezeichnet sind ferner die neun Schwungfedern, der Schwanz (mit
weißen Ober= und Unterbeckfedern) und die mit starken Hosen ver=
sehenen Beine, vom Knie abwärts die Latschen. Oefter sind jedoch
die ganzen Beine, Hosen und Latschen weiß, weil die Farbe am Bauche
gewöhnlich heller und hinten weißlich wird. Die vorbeschriebene Zeich=
nung ist eine zusammengehörige und heißt die gemönchte. Die Mönch=
taube ist bedeutend schwerer, größer und breiter von Brust und Rücken
als die ihr verwandte Pfaffentaube, glattköpfig und kurzbeinig. Der
Schnabel ist fleischfarben, das Auge schwarzgrau bei allen Farben des
Gefiebers, während dies bei der Weißschwanztaube nur bei der blauen
Farbe unbedingt nöthig und bei der schwarzen Farbe eine Schönheit
ist. Die Grundfarbe ist entweder schwarz, blau, roth oder gelb, mit
oder ohne weiße Flügelbinden. Sie ist schwer im Fluge, aber gut
in der Vermehrung.

Man kann die Mönchtaube leicht selbst hervorbringen durch Zusam=
menpaarung von Weißkopf und Weißschwanz, jedoch muß der Täuber
stets Weißkopf sein, umgekehrt geräth die Zucht selten. Man kann sie
auch von der Schild= oder Deckeltaube und vom Weißkopf erzielen,
doch fällt dann die Zeichnung an allen Stellen zu weiß aus, ebenso
bleibt auch der weiße Bauch nicht aus.

6. Der Weißkopf oder die Mäusertaube.

Der Weißkopf ist eine der seltensten Farbentauben und kommt
nur in einigen Orten Thüringens vor. Der Kopf hat eine schöne
breite Muschelhaube, der Oberschnabel ist weiß, die Iris der Grund=
farbe des Gefiebers entsprechend gelb, Fußwurzel und Zehen sind be=
fiedert. Das Gefieder ist metallglänzend schwarz, roth, gelb oder bunkel=
bronce und bildet die Hauptschönheit dieser Taube, ebenso eine breite
Brust und eine niedere Stellung. Der Kopf ist schön symmetrisch ab=
gesetzt, der Schwanz sammt ben oberen und unteren Deckfedern weiß.
Diese Zeichnung ist übrigens nicht sehr fest; der Kopf ist oft unegal

abgesetzt, zuweilen ist nur der Oberkopf weiß und dann sind auch die Lätsch'chen unrein, oft nimmt das Weiß auch einen Theil der Rücken=fläche ein. Bei dieser Art bleibt daher fast stets zu wünschen übrig, die blauen haben z. B. immer den Fehler fast aller blauen Tauben, röthliche Brust, hellen Bauch und Unterrücken, oder zu breite Binden. Bei den schwarzen, rothen oder gelben ist ein etwas ins Blaue spie=lender Bauch ein öfter vorkommender Schönheitsfehler, welcher besonders beachtet und durch passende Zuchtwähl vermieden werden sollte. In vollkommen schöner Zeichnung aber ist der Weißkopf eine sehr schöne Taube. Ganz vorzüglich und besonders geschätzt sind der schwarze und der rothe Weißkopf; letzterer zeigt an seinen Exemplaren ein so eigen=thümlich brennendes Roth, selbst am Bauche, unter den Flügeln und bis in die Spitzen der Schwingen, wie man es bei anderen Racen nur höchst selten findet. Zuweilen bringt diese etwas zärtliche, sich schwach vermehrende Taube scheckige Junge, die beim Mausern ganz weiß werden, nichtsdestoweniger aber wieder richtig gefärbte und ge=zeichnete Junge züchten. Die Mäusertauben halten sich am liebsten zu ihres Gleichen und fliegen selten weiter, als bis auf die benach=barten Dächer.

7) Die Maskentaube (farbenschnippige Taube).
(Columba maculata.)

Eine ziemlich bekannte Race, welche stets rein fortzüchtet, wenn man irgend auf hübsche, nicht zu großschnippige Tauben hält. Sie hat die Größe und Gestalt der Feldtaube, ist aber schlanker und flüchtiger. Der Kopf ist gewöhnlich unbehäubt, manchmal jedoch auch spitzhäubig, ja in letzter Zeit kommen auch muschelhäubige Exemplare vor, die jedoch dann auch belatscht sind. Ein dunkler Fleck auf dem Oberschnabel entspricht der Farbe der Schnippe, die Krallen sind hell, das Auge schwarzbraun, die Grundfarbe des Gefieders rein weiß mit einer far=bigen Schnippe, welche von der Wurzel des Oberschnabels aufsteigend, über die Stirn bis in die Hälfte des Scheitels läuft, immer von regelmäßiger Form, breiter oder schmäler, eckig oder oval, oder einem 3 Millim. breiten und 9 Millim. langen, oben abgerundeten Pinsel=striche gleicht. Außer der Schnippe ist auch der ganze Schwanz, ebenso sind die Ober= und Unterdeckfedern gefärbt. Die Hauptfarben der Schnippe sind blau oder schwarz, die Roth= und Gelbschnippen gelten für die schönsten. Alle sind flüchtige und fruchtbare Feldtauben.

8) Die Elstertaube, der Verkehrtflügel.

Diese Art trifft man als Farbentaube selten, als Tümmler häufig. Man findet sie in allen vier Hauptgrundfarben, doch muß die Zeichnung und Farbe sehr gleichmäßig abgesetzt sein. Der Körper ist farbig, die Flügel sind weiß; jedoch so schmal als möglich, damit auf dem Rücken der Sattel rund bleibt. Der Kopf ist weiß, ähnlich der Mönchtaube, doch ist hierauf ein farbiges Bläßchen unerläßlich, Bauch nebst Füße und Lätsch'chen rein weiß bis zum Schwanz, dort jedoch scharf abgegrenzt, ebenso muß die gefärbte Brust scharf an den Beinen rund auslaufen. Es ist zu bedauern, daß diese wirklich schöne Farbentaube so sehr vernachlässigt worden, daß sie als solche auf dem Aussterbeetat steht; ihre schöne Zeichnung und Gestalt ziert jeden Taubenschlag.

9) Die Storch= oder Schwingentaube,

auch Spieß= oder Schwerttaube genannt, ist der Maskentaube an Größe und Gestalt gleich und hat die weiße Grundfarbe und farbige Schnippe mit ihr gemein. Sie ist entweder unbehäubt, spitz= oder breithäubig; der etwas starke Schnabel hat auf seinem Obertheil den auf die Schnippe deutenden farbigen Fleck, und wenn dieser sehr breit ist, so ist auch der ganze Oberschnabel entsprechend gefärbt, der Unterschnabel aber immer hell. Die Augen sind braun, die Krallen gefärbt, die Ständer behost und belatscht. Außer der Schnippe sind gefärbt: die Latschen vom Kniegelenk an, die 10 großen und die darauffolgenden 3 — 6 kleineren Schwungfedern nebst der gleichen Anzahl der darüber liegenden beiden Reihen Deckfedern. Liegen die Flügel am Körper an, so werden diese farbigen Deckfedern, so weit sie nicht von den weißen Flügelschilden bedeckt sind, unterhalb des Flügelbugs sichtbar und bilden einen 3 — 6 Millim. breiten und 5 — 7½ Centim. langen Streifen, gleichsam eine Einfassung, die sogenannten Aenkel oder Knebel. Eine schöne Storchtaube darf nicht mehr wie 13 — 14 farbige Federn in den Schwingen haben, sonst wird am Vordergelenk der Stoß zu breit. Sie zählt zu den schönsten Farbentauben und sind die beliebtesten die Schwarz=, Roth= und Gelbschwingen, die Silberfarbe verschwindet zu sehr, obgleich sie sehr zart erscheint; die Taube ist jedoch nicht allzu häufig und findet sich hauptsächlich in Thüringen und Sachsen. Im Felden ist sie sehr gut, ebenso in der Vermehrung.

10) Die Schwalbentaube.
(Columba mercurialis)
a) Die Schlesische Flügel-oder Schwalbentaube.

Sie hat die Größe der gewöhnlichen Feldtaube, ist aber schlanker, dabei flacher und glatter gebaut und steht niedriger. Sie mißt in ganzer Länge 30 — 32½ Centim., klaftert 65 Centim. und wiegt 333½ Grm. Der Kopf ist länglich und fein, die Stirn mittelhoch;

ziemlich tief hinten im Nacken sitzt eine zierlich runde Muschelhaube, der Hals ist kurz und dünn, die Brust breit und flach, der Schnabel dünn und geschmeidig und 10 Millim. lang, der Augenstern dunkelbraun, die Augenliberränder und Hauttheile um die Augen, gleich den Schnabelwinkeln, lebhaft roth gefärbt, namentlich bei den dunkel befiederten. Die Schwingen reichen bis nahe ans Schwanzende, die kurzen gefärbten und belatschten Beine erscheinen durch die starken Höschen etwas gekrümmt, die Fußwurzel (der Lauf) nebst den Zehen ist befiedert, beide zart. Das Gefieder ist voll, etwas lose, seidenartig weiß, die Zeichnung dieser Taube eigenthümlich. Auf der Stirn befindet sich eine erbsengroße gefärbte Schnippe; von derselben Farbe sind die oberen und unteren Flügelfedern mit Ausnahme der Schulterfedern. Bei den Lätsch'chen geht die Farbe zuweilen etwas höher hinauf, wird aber von den Höschen im Gelenk bedeckt und erscheint daselbst wie abgeschnitten. Alle übrigen Körpertheile sind weiß; Oberschnabel und Krallen, je nach der Zeichenfarbe, dunkel, der Unterschnabel jedoch stets weiß. Seltener und gesuchter sind diejenigen Schwalben mit ganz weißem Schnabel. Der hintere Unterleib muß ebenfalls rein weiß, die Schnippe regelmäßig rund, von der Größe einer Erbse, das weiße Herz auf dem Rücken groß und gut bedeckt, die Flügeldecken nur schmal und die Querbinden weiß sein; die Unterflügel sind stets ganz gefärbt. Häufig finden sich auch Exemplare mit rein weißem Kopf. Die Haube darf nur aus weißen Federn bestehen, obgleich die sogenannten gefutterten Hauben auch nicht schlecht aussehen. Bei diesen sind die vorderen Federreihen von der Farbe des Scheitels. Die Federn der Haube müssen sich schön über den Hinterkopf legen; je größer die Haube, Hosen und Latschen, je kleiner die ganze Taube ist, desto besser, namentlich wenn dazu die dunklen Farben des Gefieders recht intensiv sind. Man findet diese Varietät der Schwalbentaube auch glattköpfig, in neuerer Zeit aber auch doppelkuppig. Sie fliegt sehr rasch, ausdauernd, leicht und schwebend, ist munter und ziemlich fruchtbar, hat eine helle Stimme und hält sich am liebsten zu ihres Gleichen. Alt gewöhnen sich die Schwalbentauben, gleich allen flüchtigen Tauben, oft sehr schwer an einen neuen Schlag. Der beste Bezugsort der vorbeschriebenen Varietät ist die Oberlausitz, die Quelle der gehäubten Schwalben mit weißen Binden und feinen Schnippen.

b) Die Nürnberger Flügel- oder Haustaube

ist eine seit alter Zeit bekannte Taube und kam zuerst aus der Gegend von Nürnberg; sie hat die Größe der vorigen, ist aber flacher gebaut, ebenso sind die Lätsch'chen nicht voll so groß. Das Gefieder ist lose anliegend, dabei aber voll, weich und fettig anzufühlen. Die Farben

sind feurig und satt, das Schwarz tiefer und sammetiger als bei vielen
anderen Taubenracen, das Weiß dagegen sieht aus wie mit Oel be-
strichen, schmutziggelblich, und darum heißt diese Taube in Nürnberg
„Schmalzsee". Diese Beschaffenheit des Gefieders hängt mit der größten Eigenthümlichkeit der Taube zusammen. Es sind dies die sogenannten Schmalzkiele, auch Schmalzfedern und gelbe Stifte genannt:
Centimeter lange Scheiden oder Kiele, oben geschlossen und hohl, mit
einer gelben, trockenen Masse, gleich Oel oder Wachs, gefüllt, zuweilen
nebenbei auch einen kleinen Ansatz zu einer Feder enthaltend, welche
an der Spitze der Scheide nur oben heraussieht, ohne aber fortzu-
wachsen. Diese Kiele stehen und liegen in großer Anzahl an- und
übereinander, gleich den Stacheln eines Igels. Unter einer Schicht
ausgebildeter Deck- und Flaumfedern verborgen, stecken sie spitz und
trocken in der Haut und bedecken die ganze Weichengegend, die Ober-
schenkel, die Seiten nach der Brust und nach dem After, die Gegend
um und unter demselben. Einzelne der größeren Deckfedern der Unterflügel haben ebenfalls gelbe Füllung und die Deckfedern des Mittel-
und Unterrückens, des Schwanzes, der Schenkel u. s. w. haben lange
Scheiden, d. h. die Fahnen sind nicht völlig aus denselben heraus-
gewachsen und unten wie verfilzt. An den unteren Flügelknochen stecken
die Kiele in einer fetten, gelblichen Masse, womit jene besetzt sind, was
man schon bei den Nestjungen deutlich sieht, wo jene Theile dicker und
fleischiger erscheinen, als bei anderen Taubenracen. Die Körpertheile,
welche sich später mit gelben Stiften bedecken, bleiben bei den Jungen
etwas länger kahl, dann erscheinen dünne, trockene, weiße Stoppeln
(Kiele), welche sich nicht oder nur einzeln öffnen, ohne daß die Fahne
aus der Scheide herauswächst und nach einiger Zeit sich gelblich färben.
Nach der ersten Mauser werden sie durch die etwas stärkeren gelben
Stifte ersetzt. Nur bei denjenigen Schwalbentauben, wo sich die oben
beschriebene Federabnormität zeigt, hat das ganze Gefieder jenes fettige
Aussehen und Anfühlen und dessen Färbung, insbesondere die schwarze
Varietät, welche auch die beliebteste ist, den tiefen Sammet, daher auch
Sammetsee genannt. Bei diesen und nach ihnen bei den rothen finden
sich jene Schmalzkiele am häufigsten; weniger bei den gelben, blauen ꝛc.;
sie kommen aber nur dann vor, wenn die Farbe der Taube glänzend,
gesättigt, wie mit Metallschimmer überzogen ist. In diesem Falle findet man sie bei allen Tauben, die in satten, glänzenden Farben erscheinen, als alle Orientalen, Maltesern und Huhnschecken, Mövchen,
Perrücken und Farbetauben. Diese Federchen gelten in Süddeutschland als Beweis der Aechtfarbigkeit und der reinen Race, deshalb
wird in jener Gegend von den Liebhabern ein so großes Gewicht
darauf gelegt.

Der Hauptunterschied zwischen der Schlesischen und der Nürn=
berger Schwalbentaube besteht noch darin, daß bei letzterer der ganze
Oberkopf durch Schnabel und Auge scharf abschneidend, bis hinten an
der Muschelhaube gefärbt ist (man nennt dies vollplattig), auch hat sie
keine sichtbaren Flügelbinden.

Von beiden Arten, der Schlesischen und der Nürnberger Schwalben=
taube gibt es folgende Varietäten:

I. Glatte Schwalbentauben.
(Schlesische mit Flügelbinden.)

a) **Blauflügel**, hell= oder lichtblau=grau mit melirten Flügel=
binden und dunkelschwarz=blauen Schwungfedern. Man hat
die Blauflügel auch mit schwarzen, feinen, kaum sichtbaren
Binden, und heißen sie dann „Hohlflügel“.

b) **Schwarzflügel**, mit grünem Glanz, dunklen Schwingen und
rein weißen schmalen Flügelbinden.

c) **Rothflügel**, hell= oder ziegelroth mit dunklen Schwingen und
rein weißen Binden.

d) **Gelbflügel**, hellockergelb mit rein weißen Flügelbinden.

e) **Silberflügel**, silbergrau mit weißen, graulandirten Binden.
Die Schwingen sind in der Regel dunkelgrau.

Die glattköpfigen Schwalbentauben verschwinden mehr und mehr
und doch ist ein schöner Hohlblau= und Silberflügel eine prächtige Taube.

II. Schuppflügel.

Auf den Enden der farbigen Flügeldeckfedern befinden sich kleine
weiße, den Fischschuppen ähnlich geartete Punkte, die gleichmäßig ver=
theilt und sehr klein, in großer Anzahl vorhanden sind. Man hat

a) **Blauschuppflügel** mit schwarzlandirten Schuppen, eben
solchen Binden und dunklen Schwingen.

b) **Schwarzschuppflügel.** Die Binden sind rein weiß, die
Schuppen etwas größer und unregelmäßiger wie bei den Blau=
schuppflügeln.

c) **Rothschuppflügel** mit blaßrothen Schwingen und sehr großen
regelmäßigen weißen Schuppen von röthlichem Schein.

d) **Gelbschuppflügel**, den vorigen ganz ähnlich gezeichnet.

e) **Silberschuppflügel** mit weißen graulandirten Schuppen
und dunkelgrauen Schwingen.

f) **Lerchenflügel** mit dunkelgrauen Schuppen, Binden und
Schwingen.

11) Die farbenköpfige Taube.

Diese Taube ist etwas größer als die gewöhnliche Feldtaube, aber eben so leicht und schnell in ihrem Fluge, und vorzüglich in der Zucht und im Felden. Der Kopf ist breit gehäubt, die Iris soll schwarz sein, ist jedoch gewöhnlich gelb, das Bein unbefiedert, zuweilen belatscht. Schnabel und Krallen, je nach der Zeichenfarbe, dunkler oder heller. Die Hauptfarbe des Gefieders ist weiß; gefärbt ist der ganze Kopf, incl. der Muschelhaube, hinter welcher unmittelbar die Scheidelinie fingerbreit unter den Augen nach dem Vorderhalse und zwei Finger breit unter dem Schnabel hinläuft (daher auch die Benennung bärtige Taube); ferner der ganze Schwanz. Die Zeichnung kommt in allen Grundfarben vor und je nach derselben heißt die Taube: Schwarz= oder Mohrenkopf, Blaukopf, Gelbkopf ꝛc. Letztere sind die sel= tensten. Der Mohrenkopf, die bekannteste Varietät, ist eine schöne, flüchtige und wenn einmal eingewöhnt, feste Taube, die mehr als irgend eine Race an ihres Gleichen hängt und deshalb einzeln gehalten nicht gern bleibt. Ist der Mohrenkopf unbehäubt, so muß der Kopf bis tief hinunter an die Brust schön schwarz gefärbt sein und darf im Nacken ein schmaler weißer Streifen, welcher am Hinterkopf endigt, nicht fehlen. Ferner ist es unbedingt erforderlich, daß der Schwanz rein schwarz ist, weil, wenn die Federn einen weißlichen Anstrich haben, die Nachzucht ausartet und helle, sogenannte Fechtel=(Sonnen)schwänze bekommt, ein Fehler, der bei großkehligen Mohrenköpfen häufig vorkommt.

12) Die Latztaube (Holländische Muscheltaube),
(Columba galeata.)

auch Helmtaube genannt, hat dieselbe Größe wie die vorhergehende Art, im Fluge ist sie aber etwas leichter und schneller, auch felbet sie gut und vermehrt sich leidlich. Der Hals und die Brust sind kräftig ent= wickelt, das Bein bestrümpft, zuweilen behost und belatscht. Der Kopf ist mit einer sonderbaren Krone oder großen Muschelhaube geziert, wie man sie bei keiner anderen Race so ausgezeichnet findet. Die vor= wärts stehenden Federn am Hinterkopf, welche die Krone oder Muschel= haube bilden, laufen bis zur Hälfte des Halses herab. Diese Federn stehen nicht so dicht neben einander, wie bei anderen schön gehäubten Racen, sondern liegen lose an. Der Schnabel ist dunkel, die Iris schwarzbraun; die Grundfarbe weiß, mit Ausnahme des ganzen Kopfes, ohne die Haube, des Vorder= und Seitenhalses bis auf die Hälfte der Brust, wodurch diese farbige Zeichnung eine Art Latz bildet, welcher gegen die weißen Theile scharf abgeschnitten ist. Die Latztauben in

schwarzer Abzeichnung sind unter dem Namen „Wiener Latztauben"
noch häufig zu finden, die blauen, rothen und gelben dagegen scheinen
ausgestorben zu sein.

13. Die Brusttaube (farbenbrüstige Taube, der Brüster.)

Sie hat dieselbe Größe wie die gewöhnliche Feldtaube, ist aber
schlanker gebaut, leicht und schnell im Fluge und selbet und vermehrt
sich sehr gut. Sie ist zuweilen gehäubt, hat einen weißen Schnabel,
gelbe Iris, glatte, häufig auch stark befiederte Füße. Die Grundfarbe
ist weiß, der ganze Kopf, Hals und Brust sind farbig, rundum gegen
den weißen Rumpf scharf begrenzt, schwarz, blau, braunroth oder gelb,
letztere als Seltenheit, auch mit gelblichen Flügelbinden; ebenso gibt
es auch Brusttauben, bei denen Kopf, Hals und Brust weiß, die übrigen
Theile gefärbt sind, also grade die oben beschriebene Zeichnung um=
gekehrt. Die Jungen haben statt der weißen, farbig kandirte Federn,
die jedoch nach der ersten Mauser weiß werden, außer bei den ächten
Schwarzbrüstern, bei denen immer etwas davon sichtbar bleibt und wes=
halb man sie auch Rußtauben nennt. Soll die Brusttaube auf
Schönheit Anspruch machen, dann muß der ganze Vorderkörper gefärbt
sein, scharf am Rücken und Leibe, etwa 2½ Centim. von den Beinen
abgegrenzt, im Nacken keine weißen Federn. Hauptsächlich ist darauf
zu achten, daß der Kopf nicht ins Graue fällt. Sie muß in ihrer
Art rein erhalten werden, da durch Kreuzung mit einer Latztaube nie
etwas Reines gezüchtet wird. Sie kommt selten mit Haube vor, diese
muß dann aber eine volle Muschelhaube sein, Spitzhaube macht sie
werthlos.

14) Die Schild= oder Deckeltaube.
(Columba clypeata.)

. Man findet unter den Schildtauben zwei verschiedene Arten und
zwar die glattfüßigen und die mit befiederten Füßen. Die mit glatten
Füßen halte ich für die Stammrace; sie haben die Größe der gewöhn=
lichen Feldtauben; es sind schlanke flüchtige Tauben und ausgezeichnete
Feldflieger. Die behoste und belatschte Art ist etwas größer und nicht
so schlank und flüchtig, auch selbet sie ihrer Federfüße wegen schlecht.
Der Kopf ist glatt, zuweilen jedoch gehäubt oder doppelkuppig, das
Auge schwarzbraun, Schnabel und Krallen fleischfarbig, der Hals kurz,
Brust und Oberrücken breit. Die Grundfarbe beider Arten ist weiß,
mit Ausnahme des Mantels, d. h. der Schulter= und Flügeldeckfedern
sammt den Schwungfedern zweiter Ordnung, welche gefärbt sind, so

daß sich eine ovale Schild- oder deckelförmige Zeichnung auf jedem Flügel bildet, wovon die Taube ihren Namen hat.

Diese Schilde oder Deckel finden sich in allen Grund- und vielen Zwischenfarben mit und ohne Flügelbinden, auch melirt aller Art. Die größere, befiederte, selten ohne Tadel vorkommende Art, muß große, weiße Latschen, rein weiße Hosen und weiße Flügelbinden haben, ein farbiger Schnabel ist ein Zeichen von Kreuzung. Die farbigen Schilde dürfen nur schmal zusammenstoßen und müssen schön rund sein, ohne weißen Stoß am Vorbergelenk. Wahrscheinlich stammt diese Varietät von einer glattfüßigen Schild- und von einer Mönchtaube, da ihr ganzer Körperbau der letzteren gleicht. Sie wurde der kleinen Schildtaube vielfach vorgezogen, seitdem aber die Schildzeichnung in größter Vollkommenheit auch bei einem Bastarde der Trommeltaube erzielt worden ist, welcher außer den starken Federfüßen auch noch die Federzierden des Kopfes besitzt, sind beide Arten der Schildtaube bedeutend in den Hintergrund getreten. Man findet sie in allen Farben mit und ohne Flügelbinden, schöne Gelbschilde mit weißen Flügelbinden sind die seltensten und gesuchtesten.

Zu den Schildtauben sind auch noch diejenigen Tauben zu zählen, welche einen melirten Mantel auf farbigem Grunde haben. Dieser ist gewöhnlich eine dunklere Mittelfarbe mit vielem Metallglanz, zwischen Schwarz und Braun, Bronce, Purpurgrau ꝛc. Die Schilde sind zum Theil von trefflicher Schattirung, indem jede Feder mit zwei oder drei verschiedenen Farben regelmäßig abwechselnd gestrichelt, gefleckt, marmorirt oder gerändert ist.

III. Hof- oder Racetauben.

Ueber die Entstehung der Racetauben sind die Ansichten sehr getheilt, so viel ist jedoch gewiß, daß sie aus unseren gewöhnlichen Haustauben nicht gezüchtet werden können, denn sie sind sowohl von diesen als auch unter sich selbst zu auffallend verschieden. Entweder sind es erschaffene Urthiere, oder (wenn man sich eine Abstammung denkt) Urracen, welche sich im Laufe von Jahrtausenden aus der gewöhnlichen Feldtaube (als angenommene Grundform) abzweigten; gleichviel, ob dies nun durch klimatische Einflüsse, oder in domesticirten Verhältnissen, oder durch beides zugleich stattgefunden. Man wird von der Wahrheit nicht allzu entfernt sein, wenn man annimmt, daß die erste Anlage zur Racebildung durch klimatische Einflüsse nach denselben schaffenden Gesetzen stattgefunden, welche die Arten hervorbrachte, daß diese aber durch Domesticirung, künstlich geleitete Zusammenpaarung

und fortgesetzte Inzucht im Laufe der Jahrtausende zum höchsten Aus=
druck eines Racetypus gesteigert worden sind.

Bei der großen Verbreitung der Feldtaube in der alten Welt,
von den Küsten des südlichen Norwegens bis zu den Nord=Afrikanischen
Staaten, Aegypten, Kleinasien, Syrien, Arabien, Persien, den Ländern
um das Schwarze und Kaspische Meer kann man z. B. recht wohl die
Vermuthung aufstellen, daß die federfüßigen, behäubten und Flugtauben
eher in ihrem nördlichen Verbreiterungsbezirke, die warzenköpfigen, kropf=
und federgezierten Tauben mehr in ihrem südlicher gelegenen Ver=
breiterungsbezirke die erste Anlage zur Racebildung entwickelt und durch
fortgesetzte reine Zucht sich schon vor Jahrtausenden zu den uns be=
kannten Racetypen ausgebildet haben. — Ausgeprägte Originalracen
findet man nicht im freien Naturzustande; diese konnten nur unter der
Pflege und Obhut des Menschen ihr Dasein erhalten, und bis in
unsere Zeit herein ihre Beschützer durch schöne oder seltsame Formen,
gefällige Manieren und symmetrische Farbenvertheilung erfreuen.

Daß aber die Annahme der Abstammung von einem Urthiere
ihre Berechtigung hat, beweist die Leichtigkeit, womit sich sämmtliche
Racen, die gewöhnliche Feldtaube mit eingeschlossen, paaren lassen und
fruchtbare Junge erzeugen, eine auffallend große Aehnlichkeit ihres
Wesens und die Neigung, bei Ausartungen der Race immer wieder
auf die wildblaue Farbe und Form der Feldtaube (Col. livia) zurück=
zugehen. Jedem aufmerksamen Züchter ist die verrätherische bläuliche
Färbung, die sich bei Schwarz, Roth und Gelb an gewissen Stellen
(Bürzel, Aftergegend, inneren Fahnen der Schwingen und des Schwan=
zes rc.) so häufig andeutet, nur zu gut bekannt.

Die auf unser Zeitalter überkommenen Urracen sind etwa fol=
gende: Die Perrücken=, die Pfau=, die Huhn=, die Kropf=, die Bag=
detten=, die Indianer=, die Orientalischen=, die Möven=, die Tümmler=
und die Trommeltauben. Die anderen sind durch Kreuzungen hervor=
gebrachte Uebergangsracen, die sich mehr oder weniger den Original=
typen nähern. — Da mit Sicherheit anzunehmen ist, daß die meisten
Racetauben aus dem Orient nach Europa übergesiedelt wurden, so
muß hierzu bemerkt werden, daß jetzt der Orient nur noch wenig in
dieser Beziehung bietet, denn die Morgenländischen Taubenracen sind
in Europa reiner fortgepflanzt worden, als sie sich jetzt in ihrer ur=
sprünglichen Heimath vorfinden. Fast jedes Land in Europa hat einige
ihm eigenthümliche Lieblingsracen, deren Aechtheit nach festen Regeln
genau bestimmt wird, und die man mit größter Sorgfalt züchtet. So
England, Frankreich, Holland, Belgien, Spanien, Italien, Rußland,
vor Allem aber Deutschland, welches man noch vor fünf Jahrzehnten
den klassischen Boden für die Zucht seiner Racen nennen konnte.

Wir können nicht umhin hier auszusprechen, daß Racetauben aller Arten jetzt nicht eine so große Seltenheit bei uns sein würden, hätte man sich, wie in England, darauf beschränkt, die verschiedenen Racen in den ihnen von Natur zukommenden Eigenschaften und aus sich selbst zu veredeln, anstatt immer die Eigenschaften einer Race auf eine andere übertragen zu wollen! Man hat durch diesen Mischmasch bei= nahe alle Racen verdorben und den beabsichtigten Zweck doch nie völlig erreicht.

Die Racetauben zeichnen sich theils durch die Eigenthümlichkeit der Stimme, des Fluges, theils durch die Struktur des Gefieders, Form oder Haltung des Körpers aus. Manche sind' nur einfarbig, manche nur in einer Grundfarbe ächt, andere besitzen daneben eine nur ihnen eigenthümliche Zeichnung.

Erste Gruppe.

Tauben, welche sich durch die Eigenthümlichkeit der Stimme auszeichnen.

Trommeltauben.

(Columba tympanizans. s. dasypus.)

Sie zeichnen sich vor allen übrigen Taubenracen, wie oben bemerkt, durch ihre Stimme aus, welche mit dem Ton einer entfernten Trommel die größte Aehnlichkeit hat. Ohne Weiteres oder auch aus dem ge= wöhnlichen Ruckfen, welches aber bei einer guten Trommeltaube über= haupt nur selten gehört werden darf, fällt sie, von Zorn oder Liebe angeregt, augenblicklich in jenes rollende, wirbelnde, tiefe und hohle Trommeln, wobei sie — meistens stille sitzend — den Schnabel be= wegt, den Kropf ein wenig aufbläst — je weniger, desto besser — den Vordertheil ihres Körpers hin und her dreht und mit den Schwingen zittert. Zum richtigen Trommeln gehört ein guter Ansatz, ein deutlicher markirter Vortrag, abwechselndes Steigen und Fallen des Tones, der Triller und das Anhalten. Je häufiger und besonders je anhaltender sie, ohne lange abzusetzen und in gutem Stile, trommelt, desto werthvoller ist die Taube. Es gibt Täuber, welche mit ganz kurzen Unterbrechungen 10 Minuten lang und länger fortrommeln und sich den ganzen Tag hören lassen, besonders im Frühling oder wenn man ihnen reichlich Hanfsamen gibt. Selbst während des Fressens trommeln sie fort und wenn man eine Anzahl guter Trommler besitzt, verursachen sie ein betäubendes Getöse. Die Täubin trommelt auch, jedoch seltener und mit weniger Kraft und Ausdauer. Die Haupt=

töne kommen rollend, wirbelnd, klappernd aus dem Schnabel, dessen
Unterkinnlade sich dabei schwach auf und nieder bewegt; sie werden
abwechselnd stärker und lauter und schwinden dann wieder so dahin,
daß man sie kaum noch hört. Die Nebentöne bilden ein eintöniges
schnurrendes Rollen, welches ohne Zuthat des Schnabels im Innern
erzeugt wird und so klingt, als käme es von einem anderen Thiere.
Nur im Sitzen, Stehen, Gehen, Hüpfen wird getrommelt. Ob der
Kropf dabei gefüllt oder leer ist, macht keinen Unterschied.

Keine Taube erfordert ihrer Federfüße wegen mehr Reinlichkeit, als
die Trommeltaube; abgesehen von der Häßlichkeit unreiner Latschen, wird
auch ihre Zucht dadurch beeinträchtigt, denn wenn sie sich mit den
nassen, schmutzigen Federfüßen auf die Eier setzt, kleben sie an jeden
Fuß und sie zieht sie entweder beim Verlassen des Nestes mit heraus,
oder beschmutzt sie nach und nach so, daß die Jungen darin umkom=
men. Die Trommeltaube ist abgehärtet und fruchtbar wie kaum eine
andere Race, sie zieht im Sommer und Winter bis zu 9 Paar Junge
groß. Man unterscheidet folgende Varietäten der Trommeltaube:

a) Die Russische Trommeltaube.

Sie stammt aus Rußland, woselbst man sie am schönsten in der
Gegend von Moskau findet. Sie ist breit, untersetzt und niedrig ge=
stellt, die ganze Länge beträgt 35 — 37½ Centim. Der Kopf ist
groß und mit einer schönen runden, federreichen, weit über den Schei=
tel hereinhängenden Muschelhaube geziert; die Stirn ist mittelhoch, breit
und mit einem Federbusch (Stirnkuppe) in Gestalt einer Nelke bedeckt,
der sich über die ganze Stirn, einen großen Theil des Scheitels, über
die Nasenhaut und bis an die Augen legt. Dieser Federbusch darf
nicht kammartig steif in die Höhe stehen, und erst oben sich überbiegen,
sondern muß sich schon von der Wurzel an nach außen umbiegen, die
genannten Theile flach bedeckend. Das Auge ist perlfarbig oder feurig
rothgelb mit lebhaft rothen Augenlidrändern, ohne weitere kahle Um=
gebung; der Schnabel etwas stämmig, Hals sehr stark; Brust und
Rücken sind breit, die Schwingen reichen beinahe bis an's Schwanz=
ende. Die Schenkel sind mit 7½ Centim. langen Hosen bekleidet, und
der Lauf nebst Zehen mit dichten, langen Latschen versehen, länger wie
bei jeder anderen Taubenrace, sie erreichen häufig die Länge von 15
Centim., und sind es im Ganzen an jedem Beine 18 bis 24. Das
etwas lose Gefieder ist dicht und voll. Der Flug ist schwerfällig, sie
klatscht beim Auffliegen, entfernt sich aber nie weit. Am häufigsten
findet man sie einfarbig, tief schwarz oder dunkelroth mit stahlblauem,
resp. broncefarbenem, prachtvoll glänzendem Halse. Schöne Exemplare
und gute Trommler findet man auch unter den sogenannten Schwarz=

tigern. Einfarbige, gute gelbe sind die seltensten. Die Vermehrung dieser Trommeltauben ist eine sehr gute und lohnende.

Eine in Deutschland bis jetzt ziemlich unbekannte Varietät ist

b) die Bucharische Trommeltaube.

Diese seltene und schöne Taube kommt in ihrem Aeußeren, sowie in ihrer Bauart unserer Deutschen doppelkuppigen, schwarz und weiß getigerten Trommeltaube am nächsten; doch ist sie merklich größer, auch sind ihre Federn an allen Körpertheilen länger und vollkommener, als bei der unsrigen, das ganze Gefieder ist überhaupt loser, lockerer, und dieser Umstand läßt die Taube noch größer erscheinen, als sie in Wirklichkeit ist. Die sehr niedrigen Beine sind mit handbreiten Latschen versehen; das Eigenthümlichste aber ist der Kopfputz. Tief unten im Nacken sitzt eine breite Muschelhaube, welche von so langen Federn gebildet wird, daß sie die Höhe des Kopfes erreicht. Auf dem Kopfe trägt die Taube eine große Tolle, deren Wirbel sich mitten auf der Kopfplatte befindet und von welchem aus sich die Federn nach allen Seiten hin ausbreiten, so daß sie nach hinten die Muschelhaube erreichen, nach vorn den mäßig langen Schnabel und an beiden Seiten die Augen weit überragen; deshalb ist es nothwendig den alten Tauben diesen Federschmuck während der Brutzeit zu verschneiden, damit ihnen die Ernährung der Jungen erleichtert wird.

Die schönen Perlaugen bekunden die edle Racetaube, welche jedem Kenner Bewunderung abnöthigt. Die Färbung ist gewöhnlich schwarz und weiß getigert, wobei bald die weiße, bald die schwarze Farbe vorherrscht. Rein weiße und ganz schwarze Exemplare kommen vor, doch sind dies seltene Ausnahmen.

c) Die Altenburger oder glattköpfige Trommeltaube

ist eine Spielart der Russischen und seit langer Zeit als selbstständige Race adoptirt. Ihre Heimath ist das Altenburger Land, wo sie vor Alters aus der Vermischung der Russischen Trommeltaube mit der Columba livia entstanden ist. Man findet sie glattköpfig mit Querhaube und Stirnkuppe, (doppelschnippig) und als Strauß= oder Trompetertauben, die keine Querhaube, dagegen ein Schnabelsträuß'chen haben. Die Altenburger Trommeltaube unterscheidet sich von der Russischen wesentlich. Ihr Kopf ist glatt und kleiner, der Hals schwächer, außer der Muschelhaube und Rose fehlen die starken Hosen und Latschen, sie ist kleiner, von unansehnlichem Aeußeren und schlechter Haltung. Die ganze Länge beträgt 32½ Centim., die Stirn ist hoch, der Schnabel 8 Millim. lang und stumpf, das Auge weiß perlsarbig, der Hals kurz, Brust und Beine mit und ohne Höschen und Strümpfe, die Zehen meist unbefiedert. Die Schwingen reichen bis nahe an das Ende des Schwanzes. Das Gefieder ist voll und etwas lose, einfarbig, meist trüb- oder schmutzig-blaugrau oder fahlblau in verschiedenen Abstufungen mit braunschwarzen oder schmutzig weißen Flügelbinden, bleichen Schwung- und Schwanzfedern. Außer den angegebenen Farben gibt es auch noch erbsgelbe mit braungelben Streifen. Die Trommelfertigkeit ist das allein Entscheidende bei der Altenburger Taube, deren Stimme sich von der der Russischen Trommeltaube durch längeres Anhalten, Klarheit, Höhe, Beweglichkeit und Abwechselung sehr vortheilhaft unterscheidet. Die Täubin zeichnet sich vorzugsweise durch ihr melodisches Trommeln aus. Was Abhärtung und gute Vermehrung betrifft, so steht die Altenburger der Russischen Trommeltaube darin mindestens gleich; doch fliegt sie nicht gern, wird auch nicht so leicht zahm.

Zweite Gruppe.

Tauben, welche sich durch die Eigenthümlichkeit des Fluges auszeichnen.

1. Die Tümmler oder Flugtauben.
(Columba domest. gyratrix.)

A) Der gewöhnliche Deutsche Tümmler,

über ganz Europa und weiterhin in unzähligen Spielarten verbreitet, ist etwas kleiner als die gewöhnliche Feldtaube, jedoch schlanker gebaut und viel leichter und schneller im Fluge. Die Länge beträgt 26—28,7 Centm., die Breite 52,3—57,4 Centm., Fußhöhe ca. 9 Centm., Schnabel 13 Millm., das Körpergewicht schwankt zwischen 233—266 Gr. Der kleine kurze Kopf ist eckiger, die Stirn sehr steil und hoch, der Scheitel flach, der Schnabel kurz, spitz und gleich den Nägeln meistens hellfarbig, die Augen groß mit oft gesenkter Pupille, — d. h. sie liegt nicht im Mittelpunkt der Iris, sondern zieht sich bis unten an den äußeren Rand —, der kurze Hals ist schwach, unter dem Kopfe dünn, edel gebogen, die Brust breit und voll, die Füße glatt oder befiedert, der Kopf glatt oder gehäubt. Die Iris ist gewöhnlich hell (perlfarbig), Augen und Augenlibränder mit dünnem Fleisch oder Haut umgeben; die Flügel beinahe das Schwanzende erreichend, zuweilen etwas hängend; der Schwanz ist nur wenig aufgestülpt, das Gefieder ist voll und liegt glatt an, Farbe und Zeichnung verschieden, zum Theil eigenthümlich. Weitsichtigkeit ist ein Fehler, an dem die ganze Race

Flügeln hat er schwarze Querbinden und auf dem Schwanze ein gleiches breites Querband.

3. Der einfarbig rothe Tümmler hat eine schöne braunrothe Farbe und gleich dem nachfolgenden gelben Tümmler häufig einen sogenannten Schwanenhals.

4. Der einfarbig gelbe Tümmler ist schön orangebraungelb, der Schnabel ist hellfleischfarbig, die Iris weißgelb, perlfarbig.

5. Der einfarbig weiße Tümmler mit mildem Metallschimmer am Halse, weißem Schnabel und hellen (perlfarbigen) Augen.

b) Der farbige weißspießige Tümmler. Die Grundfarbe ist wie bei den vorhergenannten, unter dem Schnabel hat diese Varietät meist ein weißes erbsengroßes Kehlchen (Bart), die 6 bis 8 Schwungfedern sind weiß; am After dürfen, wenn der Schwanz gefärbt ist, sich keine weißen Federn befinden. Ist der Schwanz jedoch weiß, so heißt die Taube Weißschwanz, sind der Kopf und Schwanz weiß, Weißkopf=Tümmler.

c) Die weißflügelige Taube oder der Elstertümmler. Man findet sie in allen obenbenannten Farben; die Flügel sind weißgezeichnet, alles andere ist gefärbt. Manchmal schneidet auch die Grundfarbe horizontal unter der Brust ab, und der Unterleib ist weiß. Auch trifft man weißköpfige und solche mit weißem Brustfleck (Herz); überall aber muß die Zeichnung regelmäßig sein, um Werth zu haben. Die Elstertauben sind etwas größer als die vorigen; in manchen Gegenden, namentlich in Norddeutschland werden sie Kopenhagener genannt, und werden vorzüglich schön in Hamburg gezüchtet.

d) Der farbenplättige Tümmler oder die Calottentaube. Die Grundfarbe ist weiß, der Scheitel oder Oberkopf farbig, etwas in den Nacken verlaufend, der Schwanz hat die Kopffarbe: schwarz, blau, roth oder gelb. Der Kopf ist gewöhnlich unbehaubt, mit kurzem hellfarbigen Schnabel und eben solchen Nägeln, das Auge ist weiß mit schmalem Augenring; die Füße unbefiedert, der Schwanz ein wenig aufgestülpt. Die Calotte müßte eigentlich nur mit Haube gezüchtet werden, weil diese wesentlich zur Schönheit beiträgt, da dadurch die sonst in den Nacken verlaufende Platte schön rund abgeschlossen wird. Der beste Bezugsort für Calotten ist Hamburg, woselbst sie seit langer Zeit in größter Vollkommenheit gezüchtet werden.

Ferner gibt es melirte Tümmler, Schecken, Bunte oder Getigerte in allen Farben. Eine beliebte und vielfach begehrte, jedoch seltene Tümmlerrace sind die sogenannten Alt= stämmer, d. h. die alte, reine Race, in ihrer ursprünglichen

Vollkommenheit, die früher namentlich in Berlin und Umgegend sehr schön gefunden wurde und dort hoch im Preise steht, besonders wenn die Thiere ächtäugig, zitterhalsig und mit dickem runden Kopf und ganz kleinem Schnabel versehen sind, welcher so dick als lang ist. Das schöne Perlauge ist mit rothem, fleischigem Rande umgeben. Der Kopf ist glatt, jedoch auch behaubt, der Hals krumm, gebogen und zitternd. Das Gefieder ist schön gezeichnet und kommt in allen Farben außer Blau vor. Es gibt einfarbige, schwarze, rothe, gelbe, weiße, ebensolche mit weißen Schwingen, ferner getigerte und endlich als beliebteste Zeichnung die scheckigen oder elsterbunten. Der Hauptzüchter dieser Varietät, der sie in allen Zeichnungen besitzt, ist Herr E. Brebow in Westend-Stettin, der einzige Ort, wo der Altstämmer in größerer Anzahl, auch bei anderen dortigen Liebhabern gezüchtet wird. Daß für Altstämmer ein hoher Preis, das Paar oft bis 100 ℳ, gezahlt wird, darf nicht Wunder nehmen, wenn man bedenkt, wie schwer die Thiere züchten, und welche Mühe und Sorgfalt dazu gehört die Jungen glücklich durch die Mauser zu bringen.

Als ausgezeichnete Flugtauben sind besonders hervorzuheben: Die Berliner Blaubunten, die Prager Schimmel, die Magdeburger, die Danziger Hochflieger, die Wiener Steiger, die Pester Störche, die Halberstädter, die Holländischen Flüchter (darunter die sogenannten Schornsteinfeger), die Stralsunder Weißen, die Hannoverschen (Solo-Flieger) und die Braunschweiger weißspitzigen Barttümmler, welche letztere auch kastrirt häufig als Flugtauben vorkommen und sich als solche gut bewährt haben. — Kapaunt darf ein junger Täuber jedoch erst mit Beginn seiner Mannbarkeit werden, sonst erreichen die Testikel die erforderliche Härte und Größe nicht und werden auch nicht vollständig herausgebracht. Als außerordentlich interessant sei hier noch der Brander erwähnt, eine der wenigen dreifarbigen Tauben. Der ganze Körper ist kupferbraun, nur auf den Spitzen der Schwingen und des Schwanzendes kommt die ursprünglich schwarze Farbe zum Vorschein. Ist die kupferbraune Farbe auf dem übrigen Körper etwas dunkel geblieben, so ist auch die schwarze Farbe auf den Flügelspitzen und dem Schwanzende mehr vorherrschend. d. h. beide erscheinen dann mehr schwarz als braun. Die Beine sind glatt, das Auge perlsarbig. Hauptsächlich wird der Brander in Kopenhagen, früher in großer Anzahl in Rostock, gezüchtet und ist er als Fliegetaube sehr zu empfehlen.

B) Das Nönnchen.
(Columba vestalis.)

Diese Taube wurde früher stets zu den Farbentauben gezählt, jedoch ohne jegliche Berechtigung. Es unterliegt gar keinem Zweifel, daß das Nönnchen zu den Tümmlern gehört, da der ganze Habitus, das ächte Auge und alle übrigen, dem Tümmler inne wohnenden Eigen= schaften zu dieser Annahme berechtigen. Ein fehlerfreies Nönnchen ist zierlich von Körper, hat eine schöne Muschelhaube, feinen Schnabel, hellröthlich wachsfarbig, helles, perlfarbiges Auge mit schmalem Lid, und glatte Füße und Zehen. Die Grundfarbe des Gefieders ist weiß, mit Ausnahme des ganzen Kopfes und Nackens, sowie eines weit heruntergehenden Bartes oder Latzes, überall scharf und regelmäßig gegen die weiße Farbe abgeschnitten. Diese Zeichnung bildet gewisser= maßen einen herabgelassenen Nonnenschleier, daher auch die Benennung der Taube. Gefärbt sind ferner die sieben vorderen großen Schwung= federn (die Schläge) und der Schwanz mit feinen Deckfedern, eben= falls scharf gegen das Weiße abgeschnitten. Die Zeichenfarbe muß satt und feurig sein, namentlich darf das Schwarz nicht in's Rothe spielen; ebenso darf unter den farbigen Federn keine weiße und unter den weißen keine farbige vorkommen.

Die Nachzucht fällt selten rein aus, weshalb die Züchtung der Nönnchen eine der undankbarsten ist. Kopf und Hals sind bei den Jungen nicht fest in der Zeichnung, oft erscheinen vom farbigen Schwanze ab farbige Rückenfedern, und außer den großen Schwung= federn, welche gefärbt sein müssen, sind es häufig auch die kleinen sammt ihren Deckfedern, wodurch die sogenannten Aenkel oder Knebel am Handwurzelgelenk des Flügels sichtbar werden, wie bei den Storch= oder Schwingentauben, bei welchen es aber kein Fehler, sondern eine Schönheit ist. Man findet die Nönnchen in schwarzer, rother, blauer und gelber Abzeichnung; doch sind die blauen, insbesondere aber die gelben Nönnchen mit gespaltener Brust und zitterhälsig, die gesuchtesten. Die bedeutendsten Deutschen Züchter von Nönnchen sind Herr H. L. A. Schülbe in Hamburg, welche Stadt von jeher der beste Bezugsort dieser Taubenrace ist, und Herr Carl Petermann in Rostock, der sie seit vielen Jahren mit großem Verständniß und außer= ordentlichem Glück züchtet.

C) Der Englische Tümmler.
a) Der Almondtümmler.

Er repräsentirt den Urtypus aller Tümmlerracen und ist in ur= sprünglichster Reinheit und am veredeltsten nur in England zu finden.

Er ist von kleinem, untersetztem Körperbau, breiter, voller Brust und
ganz kurzbeinig. Seine Größe beträgt von der Schnabelspitze bis
zum Schwanzende 23 bis 25 Centimeter, das Bein mißt 6 bis 7¹⁄₂
Centimeter und die Klasterweite beträgt 47¹⁄₂ bis 52¹⁄₂ Centimeter;
der Hals ist kurz, nach unten zu sich erweiternd, so daß er kaum zum
Körper zu gehören scheint. Die zuweilen gespaltene Brust ist breit
und vorstehend, der Unterrücken ist etwas gehoben und die Flügel
reichen bis auf den Boden, welcher Umstand wesentlich zur Schönheit
der Taube beiträgt, da hierdurch die Zeichnung der Flügel besonders
hervortritt. Der Schwanz berührt mit der Spitze fast die Erde, während die Flügel breit zur Seite des Körpers hängen, und gewährt so
der Almond den Anblick, als bestände er aus lauter bogenförmigen
Theilen, welche so genau untereinander verbunden sind, daß man nicht
zu erkennen vermag, wo der eine Theil anfangt, oder der andere auf-
hört. Der kleine, kurz auf dem im Affect zuweilen zitternden Halse
sitzende Kopf ist kugelrund und sehr breit, da die fast senkrechte Stirn
sehr weit im Bogen vorsteht, was jedoch hauptsächlich Folge der Feder-
stellung an diesem Körpertheile ist. Die Stirnfedern sind etwas auf-
gesträubt und kraus, ebenso die Federn am Kinn und an den Schnabelwinkeln, an den Seiten der untern Kinnlade und unter den Augen,
welche alle etwas nach oben gebogen und aufgerichtet sind. Daher hat
auch der Kopf von vorn ein zottiges Ansehen. Der ganze Umfang
des Kopfes beträgt 9 Centimeter. Der feine, grade und weißliche, fast
verschwindend kurze Schnabel darf nicht über 1 Centimeter messen, muß
in horizontaler Linie tief vom Kopfe ausgehen und soll vorne keinen
Haken, und nur eine sehr dünne Schnabelhaut haben. Ein großer
Fehler ist der zuweilen vorkommende Kreuzschnabel. Durch zu große
Inzucht verdünnen und verlängern sich die Schnabelspitzen oft so sehr,
daß sie sich auf- und abwärts biegen und dann öfter beschnitten werden müssen. Das große, runde vorstehende Auge sitzt fest in der Mitte
des Kopfes, wodurch dieser höher und breiter erscheint, auch darf
dasselbe nach dem Ende zu nicht geschlossen sein. Die Pupille ist
schwarz, die Iris perlfarbig, ohne Einfassung oder Flecken, die Augenringe befedert. Die Grundfarbe des vollen, weichen, lose sitzenden Gefieders, ist rostgelb und gleicht der Außenseite einer Mandelschale und
tief schwarz und weiß getupft, namentlich ist jede der großen Schwung-
und Schwanzfedern abwechselnd von diesen drei Farben geflammt. Das
ganze Gefieder ist außerdem mit einem Metallglanze versehen, der
namentlich im Nacken, am Halse und an der Brust vortrefflich leuchtet.
Diese vollkommene Ausbildung bekommt der Almond jedoch erst im
zweiten und dritten Jahre. Unter allen Umständen verpönt sind die
bläulichen und dieser Farbe verwandten Töne des Gefieders. Dem

Täuber vorzugsweise ist die eben beschriebene schöne Färbung und Schattirung eigen. Das Gefieder der Täubin ist in der Regel ein= förmiger (weniger gebrochen) und hellgrundiger; sie ist dagegen in den Körperformen feiner, namentlich der Schnabel überaus zierlich. Die Jungen werden, wenn die Alten zu gleichmäßig und übereinstimmend gezeichnet sind, schwächlich und nicht fein. Ein Haupterforderniß bei der Zucht ist die richtig geeignete Paarung. Die hierzu jedoch er= forderliche Kenntniß kann allerdings nur durch Erfahrung erlangt werden. Es ist unmöglich, vorher die Farben zu bestimmen, welche aus einer Brut hervorgehen werden, selbst wenn der Ursprung auf einige Generationen zurückgeführt werden kann. Zur richtigen Ver= theilung der Farbentöne in der Nachzucht sei bemerkt, daß es nicht genügt, gleich rein gezeichnete Thiere auf einander zu paaren; die Er= fahrung hat es gelehrt, daß durch eine solche Zusammenstellung der Zuchtpaare die Nachzucht meistens einfarbig ausfällt, oder daß die Zeichnung ganz verwischt erscheint. Die schärfsten Gegensätze bei der Zusammenstellung der Zuchtpaare, die bunteste Mischung liefern die besten Jungen. Die Vermehrung des Almond ist eine spärliche, ob= gleich er viele Bruten im Jahre macht, allein er besitzt seine Jungen nach dem 10. oder 12. Tage nicht mehr, und so bringt er sie, außer in den heißen Sommermonaten, selten auf; daher auch die hohen Preise für ein gutes Paar solcher Tauben, die bei uns in Deutsch= land bis jetzt nur vereinzelt schön vorkommen. Sein Alter bringt der Almond auf 6 bis 8 Jahre; die Schönheit des Gefieders nimmt aber zuletzt sehr ab. Es gibt von dem Almondtümmler folgende Varietäten:

b) Der einfarbige Englische Tümmler

unterscheidet sich von dem Almond nur durch Farbe und Zeichnung, hat im Uebrigen aber alle charakteristischen Merkzeichen desselben. Die gewöhnlichste Farbe ist die schwarze, häufig mit gelblichem Schein auf den Schwung= und Schwanzfedern, seltener sind die blauen, am rarsten die makellosen weißen Tauben dieser Varietät. Letztere haben in der Regel nicht das schöne helle Perlauge, sondern sind oft Kakerlaken mit rother Pupille oder haben sonst fehlerhafte, oft blinde Augen; auch sind die glänzenden Halsfedern hier und da mit andersfarbigen, meistens gelblichen Glanzfedern untermischt.

c) Der gescheckte Tümmler (Mottles).

Die vollendetste Zeichnung dieser Varietät ist, wenn auf ganz bunkler Grundfarbe des Körpers, namentlich der ganzen Brust und des Unterleibes, die weißen Federn nur auf den Schultern der Taube in leichter egaler Zeichnung auftreten. Keine weiße Feder darf sich unter den Glanzfedern des Halses vorfinden. Verpönt ist, wenn die Federn unter dem Bauche einen grau weißlichen Anflug haben, oder wenn die Stelle über dem Schwanze (Sattel) mit weißen Federn untermischt ist.

d) Der Barttümmler (Beard)

hat unterhalb der Kehle einen weißen Bart, der sich in einen Halb=kreis von dem einen Augenrande bis zum andern erstreckt und an seiner breitesten Stelle mindestens 1½ Centm. messen, aber mit seiner oberen Seite weder Schnabel noch Augen berühren darf, sondern von ihnen 2 — 3 Millimeter entfernt bleiben muß. Der Barttümmler hat stets einen weißen Schwanz und zu jeder Seite zehn weiße Schwingen. Bei den gelben und rothen Beards laufen die gelben und rothen Schwingen zweiter Ordnung in der Regel weißlich aus, grade wie wir es bei vielen Schildmövchen finden. Am besten hilft hiervon eine Verpaarung auf schwarze derselben Varietät ab. Ein guter Beard muß dem Almond ziemlich nahe kommen, namentlich was Figur und Haltung betrifft, und wenn auch nicht wie von diesem eine vor=springende Stirn und ein verschwindend kleiner Schnabel verlangt wird, so muß jene doch hoch und dieser fein und kurz sein, nicht über 1 Centimeter lang.

Außer den Beards gibt es noch eine Art Englischer Tümmler, welche dieselben Abzeichen wie diese hat und sich nur durch den weißen Kopf unterscheidet. Es ist dies

e) Der weißköpfige Tümmler (Baldhead).

Am häufigsten findet man ihn in Deutschland in schwarzer Farbe mit weißen Extremitäten, als Kopf, Spießen und Schwanz. Wenn dunkelgrundig und fein gezüchtet, ist diese Varietät von hohem Werthe.

f) Der geierfarbige Tümmler (der Geier).

Er ist ein dunkler, fast schwarzer Vogel, dessen ganzes Gefieder jedoch einen rothbraunen Anflug hat, namentlich zeigen die Vorder=fahnen der größeren Schwingen und die Schwanzfedern und deren Deckfedern, zuweilen auch die Brust, diese Farbentöne sehr stark. Da der Geier von dem Almondtümmler fällt, so ist er zur Zucht des letzteren unerläßlich. Man verpaart ihn, um schön gezeichnete Almond=tümmler zu erlangen, gewöhnlich mit einem hellen Weibchen und er=langt dadurch den so beliebten umstehend beschriebenen mandelfarbigen Almond. Manche Geier haben einen metallartigen Glanz auf ihrem ganzen Gefieder und übertreffen an Kopf= und Schnabelbildung oft den besten Almond.

2. Der Ringschläger.
(Columba percussor.)

Obgleich diese Taube häufig zu den gewöhnlichen Landtauben ge=
zählt wird, so glaube ich, daß sie in Folge der von mir vorgenomme=
nen Klassifikation grade in die Gruppe der Tauben gehört, welche sich
durch die Eigenthümlichkeit des Fluges auszeichnen, und aus diesem
Grunde mag der Ringschläger hier seinen Platz finden. Er war in
früheren Jahren am Rhein sehr verbreitet und namentlich in den
Dörfern eine sehr beliebte Taubenrace. In den Städten hat sie sich nie
recht Geltung verschafft, weil eben ihr ganzer Habitus zu sehr an die
Feldtaube erinnert. Der ausgezeichnete Taubenkenner Führer be=
schreibt diese in Norddeutschland ganz unbekannte Taube folgender=
maßen:

„Der Ringschläger ist eine nur noch am Niederrhein und hier
und da in Westfalen vorkommende Taube von stattlicher Größe, kräf=
tiger Gestalt und guter Haltung. Ihre ganze Länge beträgt 85 Cen=
timeter, die 2. Schwingfeder $17^1/_2$ Centimeter, der Schwanz $12^1/_2$ Cen=
timeter, das Bein $12^1/_2$ Centimeter, sie klaftert $^3/_4$ Meter und wiegt
$433^1/_2 - 500$ Gramm. Der Kopf ist mit einer Spitzhaube geziert,
die Stirn mittelhoch, der Schnabel 2 Centimeter lang, fein, spitz und
hellfarbig, das Auge ist dunkelglühend, die Farbe des Augensternes
derjenigen des Gefieders entsprechend, das Lid lebhaft fleischfarbig, der
Hals kräftig, Brust und Rücken verhältnißmäßig breit, Lauf und Fuß
glatt, die Schwingen reichen zusammengelegt bis $1^1/_4$ Centimeter vom
Schwanzende. Die großen vorderen Schwingfedern, welche nach den
4 ersten kommen, fallen in der Länge stark gegen jene ab: die fünfte
$2^1/_2$ Centimeter gegen die vierte und 5 Centimeter gegen die zweite,
welche die längste ist.“

„Das Gefieder ist fest anliegend und in allen Farben, wie folgt
gezeichnet: der ganze Kopf ist weiß, die Haube weiß gefüttert, das
Weiße des Kopfes läuft in Bogen 2 Strohhalme breit unterhalb der
Augen unter das Kinn, überall scharf abgeschnitten, oder mit anderen
Worten: die Scheitellinie beider Farben läuft oberhalb der Haube oder
unterhalb der Augen bis unter den Schnabel. Weiß sind ferner der
Schwanz und Unterrücken gegen den Mittelrücken abgeschnitten, Unter=
leib und Schenkel, ersterer vor dem letzteren gegen den Vorderleib ab=
geschnitten und die sechs vorderen, großen Schwingfedern, so daß also
der Nacken, der ganze Hals, die Brust, der Oberrücken, der Vorder=
leib bis an die Schenkel und da rund um die ganze Taube gegen
Unterleib und Unterrücken abgeschnitten sind; ferner die ganzen Flügel
mit Ausnahme der sechs großen Schlagfedern. Zuweilen geht auch die

Farbe am Unterrücken bis gegen den Schwanz hin, doch muß zwischen beiden immer eine gegen den Rücken in grader Linie abgeschnittene weiße Stelle offen bleiben."

„Am seltensten findet man diese Zeichnung in Schwarz, wo meistens auch der Schwanz und das Kreuz, also der ganze Rücken gefärbt ist. Der Schläger mit reiner schwarzer Zeichnung nimmt den ersten Rang ein, dann folgen der gelbe, blaue und zuletzt der rothe, welcher noch am häufigsten vorkommt. Doch findet man hin und wieder auch einfarbige, besonders lichtblaue, mit und ohne Flügelbinden und mit weißem Schwanze."

„Das Auszeichnende bei diesen Tauben ist ihre Flugart; zwar fliegen sie nie weiter als von Dach zu Dach, allein auch keinen Schritt weit, ohne die Flügel zusammenzuschlagen, daß es weithin schallt; vorzüglich geschieht dies von Seiten des Täubers, wenn er seiner Täubin den Hof macht. Ein guter Schläger muß dann über seiner Täubin 5 — 6 Mal ringschlagen, d. h. im Kreise rechts und links über ihr herumfliegen, und bei jeder kurzen Wendung die Flügel laut klatschend zusammenschlagen (Brandschläge thun). Dieses Kreisfliegens wegen (selbst im engsten Raume), nennt man diese Taube auch Dreh= oder Wendetaube (pigéon tournant). Die Täubin schlägt ebenfalls, doch weniger stark, im Frühling beide am meisten. Im Herbst sind sie so abgeschlagen, daß sie nicht mehr auffliegen können, und darum leicht verunglücken. Man pflegt ihnen dann wohl die ganz zersetzten Schwingfedern auszuziehen, was nicht schadet, wenn es nur einmal jährlich geschieht. Solche, die viel klatschen und doch ihre Schwingen gut erhalten, sind die werthvollsten. Gute Täuber haben es bis zu einem siebenmaligen Umkreisen gebracht, werden aber auch ob dieser großen Kunstfertigkeit mit hohem Preise bezahlt."

„Der Ringschläger ist eine gesunde, sehr lebhafte und zänkische Taube, welche durch ihre Unruhe viel Störung im Schlage anrichtet, weshalb sie auch zu anderen Tauben nicht paßt. Er ist auch sehr fruchtbar und darum zu verwundern, daß er nicht weiter verbreitet ist; die Jungen fangen an zu schlagen, wenn sie flügge sind."

„Bei der Zwangspaarung ist der Ringschläger, gleich allen lebhaften Tauben, oft sehr eigensinnig."

„Alter und Geschlecht erkennt man wie gewöhnlich, am Täuber auch an der beschriebenen Flugart. Nächst gutem Ringschlagen verlangt man bei dieser Taube eine ansehnliche Körpergröße, schöne lebhafte Farben und reine Zeichnung. Der Preis rein gezeichneter schwarzer oder gelber Schläger ist mehrere Mark das Paar, die rothen, meist gering in der Farbe, sind billiger." — Eine Subspecies des Ringschlägers ist die sogenannte Klatschtaube, der die Racenmerkmale des Umkreisens fehlen und der nur noch das starke Zusammenschlagen mit den Flügeln geblieben ist. Die Klatschtaube nimmt zu dem Ring= schläger etwa dieselbe Stellung ein, wie der Dragon zu dem hoch= veredelten Carrier, es ist eben dieselbe Taube mit unvollkommenen Eigenschaften. So wie man bemüht gewesen ist, neue Zeichnungen zu erzielen, in demselben Grade ist das Originelle der Race verloren gegangen.

Dritte Gruppe.

Tauben, welche sich durch die Struktur der Federn auszeichnen.

1. Die Pfautaube.
(Columba laticauda.)

Die Pfautaube ist eine sehr alte Taubenrace und stammt nach den uns überkommenen Nachrichten von der Hindostan'schen Halbinsel. Sie ist nicht ganz so groß wie die gewöhnliche Feldtaube, von kurzem runden Körper und sehr schwerfällig in ihrem Fluge. Der schön ge= formte kleine Kopf, der sich nach dem feinen Schnabel zu verdünnt, ist spitzgehäubt, doch hat man auch breitgehäubte Exemplare, sowie ganz glatte; die Stirn ist mittelhoch, der Hals und Rücken kurz, die volle breite und gespaltene Brust steht weit vor; die Füße und Zehen sind unbefiedert. Der schöne, lange, nach oben dünne Schwanenhals steht rückwärts gebogen und befindet sich fortwährend in zitternder Be= wegung; die Flügel hängen, ohne geschleppt zu werden, an den Seiten herab, und dürfen sich nicht unter dem Schwanze kreuzen, sondern müssen stets unterhalb desselben getragen werden. Die Schwanzfedern stehen aufrecht, dem Kopfe zugekehrt, so daß Schwanz und Kopf über dem Rücken zusammenstoßen. Die Zahl der Schwanzfedern soll 28 — 30 sein, von denen die mittlere doppelt ist. Ein schön ge= bogener, federreicher, frisirter Schwanz, der ein großes ge= wölbtes Rad bildet, ist eine Hauptschönheit dieser Taube. Die Fahnen der Schwanzfedern müssen unter allen Umständen so breit sein, daß selbst bei Exemplaren, die höchstens 20 Federn aufweisen, dieses Rad entsteht, ein zusammengedrückter, sogenannter Hühnerschwanz ist ein großer Fehler. Die Schwanzfederfasern sind gleich dem übrigen Ge= fieder weich, ohne großen Zusammenhang, trennen sich von der Spitze an und hängen, entgegen der gewöhnlichen Federkonstruktion, einzeln in Büschen herab, ohne alle Steifheit, weil diese Fasern in sehr gefälliger Form theils geflammt, theils gelockt, rechts und links auf die unteren

Theile der Fahnen herabhängen und sich mit ihnen und untereinander leicht verschlingen und verflechten. Diese eigenthümliche Fasertheilung, welche trotz aller Unregelmäßigkeit doch regelmäßig spitz gezackt erscheint, heißt Frisur; es müssen sämmtliche Schwanzfedern in dieser Weise frisirt sein, und wenn auch die Eckfedern etwas weniger als die übrigen, so darf auch ihnen diese Frisur nie fehlen. Bei manchen stark frisirten Tauben findet sich auch ein Ansatz zur Frisur an den Schwungfedern erster Ordnung. Bei jeder anderen Taube, von gleicher Körpergröße wie die Pfautaube, ist die mittlere Schwanzfeder $3\frac{1}{2}$ Centimeter breit und nur $10\frac{1}{2}$ Centimeter lang. Bei guten Pfautauben jedoch ist eine solche Feder 7 — 8 Centimeter breit und 12 Centimeter lang. Ferner befindet sich bei allen andern Tauben die größte Fahnenbreite der einzelnen Federn kurz vor dem Ende derselben, bei der Pfautaubenfeder dagegen ziemlich in der Mitte. Diese Konstruktion, besonders die große Fahnenbreite, ist die Ursache, daß die Fahne nicht geschlossen bleibt, daß sie sich zackt, auseinander steht und struppig wird, und ebenso ist die Fahnenbreite die Ursache, daß die Taube den Schwanz gut tragen kann, weil die einzelnen Federn sich decken, also gegenseitig stützen. Uebrigens entsteht der schön frisirte Schwanz erst nach der ersten Mauser. Der erste Schwanz ist nie stark frisirt, weil sowohl bei der Pfautaube, wie bei allen anderen Racen, die Jugendfedern schmäler und kürzer sind; ebenso kommen die neuen Schwanzfedern bei alten Tauben unfrisirt bei der Mauser zum Vorschein. Sie nehmen aber sofort die Struktur an, sobald sie einen gewissen Grad von Länge und Breite erreicht haben, und bevor sie noch vollkommen ausgewachsen sind.

Die Schwanzfedern stecken staffelförmig im Bürzel, und umgeben ihn in 2 — 3 Reihen auf drei Seiten, so daß nur die untere offen bleibt und bilden auf diese Weise eine Wölbung, auch wenn sie nicht aufgerichtet sind. Dies letztere wird dadurch bewirkt, daß die Taube den Bürzel aufstülpt. Aus oben ersichtlichem Grunde vermag sie den Schwanz nicht zusammenzulegen oder beim Fliegen flach auszubreiten, weil eben die Schwanzfedern in einem Dreiviertelkreis um den Bürzel herumsitzen. Die oberen Schwanzfedern, an der oben übergebogenen Spitze des Bürzels befindlich, sind etwas mehr nach vorn gerichtet, als die übrigen. Das Rad bildet, von hinten gesehen, etwa dreiviertel eines Kreises. Die schönste Entwickelung dieser Taubenrace findet in der weißen Farbe statt, dann in der schwarzen und in der wildblauen; am schwächsten in der rothen und gelben Farbe, meistens mit schwachem Schwanz und wenig frisirt. Ob eine Taube vollschweifig wird, sieht man bereits an den nackten Jungen; je weniger Milchflaum sie um den Steiß haben, desto mehr Schwanzfedern bekommen sie;

ebenso sieht man schon an der Haltung der kleinen Flügel, ob es Schleppflügel werden. Die Pfautaube kommt, wie schon bemerkt, in allen Grundfarben vor, doch hat man auch dunkel gefärbte mit weißem Schwanze, und umgekehrt, ebenso weiße mit farbigen Flügel= schildern. Alle diese Varietäten sind jedoch nicht ächtrackig, haben auch ge= wöhnlich nicht die volle Anzahl Schwanzfedern. Eine besonders schöne Varietät ist die weiße Seiden=Pfautaube, deren Gefieder wie zer= schlissene Seide erscheint. Sie ist wahrscheinlich durch fortgesetzte Aus= wahl und verständnißvolle Züchtung der am besten frisirten weißen Pfau= tauben entstanden. Da bei ihnen die Frisur über den ganzen Körper ausgebreitet ist, so passen sie eigentlich nur für eine Volière, da sie in Folge ihrer abnormen Federstruktur fast gar nicht fliegen können. Sie sind sehr schwächlich und dürfte, da die Jungen vollständig nackt aus= fallen, auf große Nachzucht in unserem rauhen Klima wohl nicht zu rechnen sein.

Man vergleicht häufig den Schwanz der Pfautaube mit dem des Pfauhahnes, es besteht jedoch, wie sich Jeder leicht überzeugen kann, ein großer Unterschied zwischen beiden. Bei dem Pfauhahne sind es die Schwanzdeckfedern, oder unteren Rückenfedern, welche aufrecht stehen, die eigentlichen Schwanzkiele, wenig an Zahl, sind kurz und stark, und dienen mehr als Stützen um den aufgerichteten Schweif zu tragen. Bei der Pfautaube hingegen sind es die Kiele des Schwanzes, welche aufgerichtet stehen, und woraus der merkwürdige Umstand ent= springt, daß der Taube die Oeldrüsen (nicht Fettdrüse) fehlen. Die Vermehrung der Pfautauben ist eine sehr gute, sie brüten fleißig und bringen fast alle Jungen auf. Als Paradetauben sind sie, namentlich auf großen Höfen oder Parkanlagen sehr zu empfehlen. Der bedeu= tendste Deutsche Züchter feiner farbiger Pfautauben ist Herr Otto Bausch in Wiesbaden.

2. Die Perückentaube
(Columba patageata, Brm.)

überragt an Größe die gewöhnliche Feldtaube, ist gestreckter und länger, aber nicht so leicht und schnell im Fluge. Sie hat einen feinen hoch= gewölbten Kopf, der sich zur Hälfte unter der weit überstehenden Kapotte verbergen muß, hohe Stirn, flachen und breiten Scheitel, kurzen dicken (Papagei=)Schnabel, ähnlich dem des ächten Mövchens, große, helle (ächte) Perlaugen, fleischige Hautringe und unbefiederte Beine und Füße (Federfüße verunstalten diese Taube, beleidigen das Auge und sind ein Zeichen einstmaliger Kreuzung mit belatschten Tauben). Der Hals ist lang, Rücken und Brust schmal, Flügel lang, schleppend und

bis zum Schwanzende reichend. Ihr charakteristisches Merkmal ist die
sehr hohe Muschelhaube, deren vorwärts stehende Federn bis zur Hälfte
der Brust reichen. Die Federkrause zieht sich an den Halsseiten bis
über den Flügelbug herab, ragt nach oben über einen Theil des
Scheitels, wie eine Kapotte, und bildet nach der hinteren Seite des
Halses eine Mähne; längs der Halsseiten ist diese Federkrause nach
vorn und hinten, oben und unten gescheitelt und glatt und regelmäßig
nach vorn gekämmt. Je dichter und geschlossener die Halskrause ist, je
weiter sie den Scheitel bedeckt, desto schöner ist sie. Die Federn dieser
Perücke müssen dicht am Halse liegen, lang und geschlossen sein, so
daß, wenn man den Nacken etwas nach dem Schnabel zu drückt, die
Federkrausen übereinander gehen. Gewisse Taubenhändler haben eine
Methode, Kopf und Krause dieser Taubenrace zu verschönern. Sie
knicken nämlich die Federn am unteren Theile um, streichen dann Kopf
und Krause beständig vorwärts, wodurch diese Theile weiter als ge=
wöhnlich vorgehen, ja sie schneiden sogar ein Stückchen Haut zwischen
Gurgel und Brust weg und nähen den Fleck wieder zusammen, wo=
durch die Krause ein viel geschlosseneres Ansehen gewinnt.

Die Perückentaube kommt in allen vier Hauptfarben, sowie in
Weiß vor; die gewöhnliche Zeichnung der Farbigen ist die des Mönches;
d. h. die Taube hat einen bis unter die Kehle spitz zulaufenden weißen
Kopf; ferner trägt diese Farbe der Mittel= und Unterrücken, weit oben
gegen den Oberrücken abgeschnitten, der Schwanz und die großen
Schwingen; die übrigen Theile sind gefärbt: tiefschwarz, schön tauben=
blau, oder satt dunkelrothbraun, die von gelber Farbe sind meistens
etwas kurzhalsiger und nicht so schön und lang mit Federn behängt.
Außer diesen gibt es Einfarbige in allen Farben und sind diese jetzt
die beliebtesten in Deutschland.

Eine andere Farbenvarietät sind die Schecken oder Getigerten in
allen Farben, doch zählen sie die wenigsten Liebhaber, endlich gibt es
noch die doppelkuppige Varietät, welche außer der gewöhnlichen Feder=
struktur noch die sogenannte Schnabelrose oder Nelke der Trommel=
taube dicht über der Nase trägt. Sie besonders ist es, der wir die
Verunstaltung der kleinen ächten Perückentaube zuzuschreiben haben.
Aus der Kreuzung mit der doppelkuppigen Trommeltaube hervor=
gegangen, hat sie den großen dicken Körper, die ungeschickten bestrümpften
Beine, den langen Schnabel ꝛc. derselben geerbt; und wenn auch die
Federstruktur der Perückentaube an Kopf und Hals bei vielen Exem=
plaren erreicht wurde, so fehlen ihr doch die übrigen charakteristischen
Merkmale derselben, und der Kenner wird sie nie als wirkliche
Perückentaube gelten lassen. Die Vermehrung der Perückentaube ist
nur schwach. Sie ist phlegmatisch, zutraulich, gewöhnt sich leicht ein,

fliegt nicht viel, klatscht und gaukelt im Flug, hat einen trippelnden Gang und eine hellrucksende Stimme, wobei es sehr schön aussieht, wenn ihre metallschillernde Perücke während des Ruckens auf- und niederwallt. Gute Perückentauben sind in Deutschland sehr selten geworden.

3. Die Mähnentaube, traurigen Mohrenköpfe oder Schmalkalbener. (Columba jubata.)

Diese Taube ist wahrscheinlich eine durch lange Zucht in der Mähne vervollkommnete Latztaube, welch' letztere eine große Muschelhaube von ähnlicher Federstruktur hat. Sie ist etwas größer als die gewöhnliche Feldtaube, jedoch breiter und untersetzter und kommt hauptsächlich in Thüringen und im Sächsischen Erzgebirge vor. Der ziemlich dicke, kräftige Schnabel ist glänzend schwarz, das Auge groß, schwarzbraun, das Bein stark behost, die Füße belatscht, die Krallen weiß. Die Grundfarbe ist weiß, mit Ausnahme des Kopfes bis auf den Nacken, wo die Mähne anfängt, und vorn herunter bis auf die Brust, sowie des Schwanzes mit seinen oberen und unteren Deckfedern, welche, scharf abgeschnitten und begrenzt, schwarz sind. Die schwarze Zeichnung ist gegen den Nacken senkrecht, gegen die Brust wagerecht von dem Weiß getrennt. Charakteristisch ist die tief im Nacken auf dem Hinterhalse sitzende, nach oben, unten und auf die Halsseiten fallende weiße wallende Federmähne, welche den schwarzen Nacken und Seitenhals begrenzt und da endigt, wo der Latz gegen die Brust abschneidet. Nach oben reichen die am Seitenhalse nicht gescheitelten Federn nur so weit, daß der Hinterkopf frei herausragt. Diese Mähne, Krause oder Perücke besteht aus weitläufig stehenden zerschlissenen, flockigen Federn, welche ungeordnet und mähnenartig um den Hals hängen, also lange nicht eine so geschlossene Krause bilden, wie bei der Perückentaube. Auf dem Hinterhalse soll die Mähne so weit herabgehen, als der schwarze Brustlatz vorn.

Die Mähnentaube hat für Kenner nur dann Werth, wenn die Mähne, die Hosen und die Latschen groß sind, und die Farbenstellung gleichmäßig und scharf begrenzt ist, auch darf die schwarze Kehle nicht zu groß sein, denn je weiter diese auf die Brust geht, um so mangelhafter ist in der Regel die Mähne. Die Taube ist scheu und weichlich, ihre Vermehrung schwach.

4. Die Strupp- oder Perltaube.
(Columba hispida S. crispa, L.)

Diese höchst seltene, fast nur noch in den Niederlanden ächt vorkommende Taube hat die Größe der Feldtaube, ist aber niedriger gestellt.

4*

Der Kopf ist sein und mit einer breiten, aus zierlichen Löckchen bestehen=
ben Haube versehen; die Iris ist orangeroth, Schnabel und Krallen
fleischfarbig, der Hals mittellang, Schultern und Brust breit; das Bein
ist kurz, Lauf und Zehen dünn, ersterer oben etwas kurz befiedert.
Das ganze Gefieder ist stets weiß, dicht und weich; alle Federn des
Oberkörpers, mit Ausnahme der 12 Schwanzfedern sind an der Spitze
zierlich gekräuselt, besonders die Flügeldeckfedern zweiter Ordnung; auch
die Schwingfedern, namentlich die kleinern, haben diese Neigung zum
Kräuseln. Die Taube ist lebhaft, gesund, fliegt gut, aber schlecht in
der Vermehrung, und muß während der Mauser warm gehalten wer=
ben, da sie sehr weichlich ist und an einzelnen Stellen des Körpers
oft ganz kahl wird.

5. Die Lockentaube.

Ihre Grundfarbe ist licht mehlblau, die Flügelbinden sind breit
und von schwarzer Farbe, aber nicht scharf gezeichnet, was darin seinen
Grund hat, weil die sämmtlichen Deckfedern der Flügel gelockt sind.
Die Federn sehen aus wie Krimmerpelz; die Schwungfedern sind glatt
und schwarz gezeichnet. Sie hat ebenfalls die Größe der Feldtaube
und etwas befiederte kurze Füße, der Rücken und die Brust sind etwas
breiter. Es ist eine weichliche, stets verdrießliche Taube und schlecht in
der Vermehrung. Sie ist in Deutschland selten und kommt fast nur
in Ungarn vor.

6. Die Seidenhaartaube.
(Columba saetacea.)

Sie hat die Größe und Haltung des Feldfliegers, ist jedoch
schwerfälliger und steifer. Der Kopf ist sein und unbehäubt, die Stirn
mittelhoch und breit, der spitz zulaufende Schnabel ist 2½ Centimeter
lang, das Auge mit schmalem kahlen Hautfleck umgeben, die Iris meist
dunkelbraun, der Hals kurz, Brust und Rücken sind breit, die mittel=
hohen Beine bis zur Hälfte des Laufes befiedert, die Zehen lang und
dünn, die bis an's Schwanzende reichenden Schwingen lang und spitz.
Das volle, locker und ausgebreitete Gefieder ist weich, seidenartig
und zerschlissen, d. h. die Fasern der Fahnen aller Federn stehen
strahlenförmig, ohne Zusammenhang, doppelt so weit auseinander, als
bei allen andern Tauben, so daß es aussieht, als ob immer eine Faser
um die andere ausgeschnitten wäre. Die kleineren Federn liegen wellig
und strahlig an= und übereinander, die größeren hängen gleich Fransen
am Körper. Die Fahnen der Schwung= und Schwanzfedern sind

etwas nach oben gerichtet und die 3³/₄ Centimeter breite innere Fahne
der besonders stark zerschlissenen und im Kiel ziemlich stark gekrümmten
Schwingfedern zweiter Ordnung überragen auf beiden Seiten den
Unterrücken, so daß das Hintertheil der Taube ein ganz haariges,
buschiges Ansehen hat. Das übrige Gefieder am Halse, an der Brust
und am Bauche ist sehr fein, weich und seidenartig.

Die Farbe der Haartaube ist fast immer weiß, Schnabel und
Krallen hellfleischfarbig. Fliegen kann sie nicht, da die Flügel- und
Schwanzfedern die Luft nicht halten, sie ist deshalb auf den sehr reinlich zu haltenden Schlag angewiesen. Gegen starke Kälte, Zugluft
und scharfe Winde ist sie sehr empfindlich. Bei der Mauser bleiben
einzelne Körpertheile oft recht lange ganz nackt. Die Vermehrung ist
eine sparsame, weil die Jungen schwer aufkommen, obgleich die Taube
gut brütet und füttert. Eine hübsche Varietät der Seidenhaartaube
ist die in Frankreich gezüchtete mit hohlem (muldenförmigem) Schwanze,
wahrscheinlich aus einer Kreuzung mit der Pfautaube hervorgegangen.
Sie trägt den etwas gewölbten Schwanz nicht aufgerichtet, sondern
horizontal und die sich an den Spitzen berührenden, bis 3³/₄ Centimeter vom Schwanzende reichenden Flügel über demselben. Diese
Seidenhaartaube ist jetzt überall eine Seltenheit und kommt fast nur
noch in Holland vor, in Spanien, wo ihnen das Klima zuträglich ist,
findet man verschiedene Varietäten der Haartaube.

7. Die Möventaube.
(Columba turbita, L.)

a) Das gewöhnliche Deutsche Mövchen

ist nächst dem Almondtümmler die kleinste unserer Haustauben, von
hübscher Haltung und stämmigem Körperbau. Die Länge beträgt
etwa 31,₅ᶜᵐ, die Flügelbreite 62,₈ᶜᵐ, Schwanz 12,₄ᶜᵐ, der Schnabel
mißt nur 1,₁—1,₃ᶜᵐ. Das Gewicht beträgt 312—375 Gramm.
Der Kopf ist verhältnißmäßig groß und eckig, d. h. der breite Schädel
bildet über den ziemlich stark hervortretenden Augen zwei starke Er-
höhungen und eine solche dritte hat der hintere Schädelknochen. Die
hohe breite Stirn bildet mit dem Scheitel eine Bogenlinie, was hauptsächlich den Kopf dieser Taube so schön macht; der Schnabel ist klein
und kurz, die Schnabelhaut dick. Die großen Augen haben etwas
fleischige Libränder, zuweilen etwas nackte Haut darüber, die bei den
reinen Racen jedoch fehlt. Die Iris ist schwarzbraun, mitunter hell,
der kurze Hals ist stark und scharfkantig; tief im Nacken sitzt ein
spitzgedrehtes Häubchen. In Norddeutschland züchtet man hauptsächlich
breitgehäubte Mövchen oder Sticken (mit Glasaugen), in England ein-

farbig glattköpfige, mit kurzem Schnabel, deſſen Oberhälfte hakenförmig
über die Unterhälfte herabgebogen iſt, am Niederrhein glattköpfige, ein=
farbige kleine Mövchen mit Glasaugen und von ſchlechter Haltung.
Vom Unterſchnabel an, da wo die Federn beginnen, läuft ein faltiger,
einige Centimeter breiter Kehlſack und von deſſem Ende eine Reihe auf=
wärts geſträubter, langer, breiter Federn, Jabót genannt, welches bis
zur vollen breiten Bruſt reicht. Dieſes Jabót iſt in der Art gebildet,
daß längs einer graden Linie, von der Kehle an, bis tief in die Bruſt
hinein, an beiden Seiten einige Reihen lockiger, ſtrahliger Federn, an=
ſtatt am Halſe anliegend, von demſelben abſtehend gegen einander nach
der Mitte des Halſes und nach oben gerichtet ſind, welche, zuweilen
kraus durcheinander ſtehend, zuweilen auf einer Seite liegend, ſich beim
Bewegen des Halſes öffnen und ſchließen. Oben, unterhalb des Kehl=
ſackes ſtauen ſich dieſe Federn, legen ſich rechts und links und bilden
mit dem Jabót und dem zottigen Kehlſacke ein Kreuz (daher Kreuz=
tauben). (In einigen Gegenden, z. B. Magdeburg, nennt man ſämmt=
liche Tauben mit den angegebenen Eigenſchaften und mit dunklen Augen
„Mövchen“, dagegen die gleichen mit gelben Augen „Kreuzer“.)
Bei den Jungen bleibt dieſe Stelle längere Zeit kahl und geſpalten;
je federreicher, länger und wallender ſpäter der Buſenſtreif wird, deſto
werthvoller iſt die Taube. Der Schwanz iſt etwas erhaben, die Füße
ſind kurz und unbefiedert, doch finden ſich in der Regel, namentlich
bei den farbenſchildigen Mövchen farbige Höschen zu beiden Seiten
der Füße, welche jedoch nicht die alſo benannte und bekannte Feder=
zierde der Schenkel, ſondern farbige Federn an denſelben bedeuten.
Die Vermehrung iſt eine ſehr gute und ſind die Jungen ſehr fleiſchig
und ſchmackhaft. Das Mövchen iſt eine niedliche, halb zuthunliche,
halb ſchüchterne Taube, deren ächte, reine Race in jüngſter Zeit in
Folge mancherlei Kreuzung mit Indianern und Tümmlern, ſowie durch
das Bekanntwerden der Aegyptiſchen und Chineſiſchen Mövchen ſehr in
den Hintergrund gedrängt iſt. Das Gefieder liegt glatt und feſt wie
angegoſſen und alle Körpertheile treten ſo ſymmetriſch hervor, wie bei
keiner anderen Taubenrace. Die Grundfarbe iſt verſchieden, am häufig=
ſten findet man ſie in der dem Mövchen allein zukommenden Zeichnung,
weiß mit farbigen Schildern, wie die Schild= oder Deckeltauben, auch
ganz weiß, blau, ſchwarz, gelb oder braun. Neue Spielarten ſind die
Cyprianer= und Türkiſchen (Satinét=) Mövchen, die einfarbigen weißen
Mövchen mit dunklem Schwanze, oder die dunklen mit hellem Schwanze,
ſowie die gedeckelten mit weißen Flügelbinden, am ſeltenſten die farbigen
mit vollſtändig reinem Hinterleibe, die einfarbigen mit weißen Binden
oder weißem Jabót.
Den Namen Mövchen führt dieſe Taubenrace wohl von der, den

Seemöben ähnlichen Zeichnung, obgleich es zweifelhaft ist, ob grade das geschildete Möbchen die Stammrace repräsentirt.

b) Das Aegyptische Möbchen ober die Afrikanische Eule.
(Columba Bubo nominata.)

Diese Varietät ist nichts anderes, als ein reinraciges, feines Möbchen, mit voll entwickeltem Jabôt, von zierlichem, etwas stämmigem Körperbau unb ebler Haltung. Die Größe beträgt von der Schnabel= spitze bis zum Schwanzende 25 — 27½ Centimeter. Der glatte Kopf ist groß unb eckig, die Stirn breit unb hoch. Der Schnabel ist von der etwas gebogenen Spitze bis zum Rachenwinkel 7 Millim. lang, die Schnabelhaut, namentlich im Alter, breit unb kräftig. Das Jabôt ist in der Art gebildet, baß sich die Federn nach zwei Seiten theilen unb ausbreiten, wie bei einer Rose, je größer, besto schöner. Die Febern liegen aber nicht am Halse an unb laufen nicht nach unten zu, sonbern stehen von bemselben nach der Mitte zu ab unb laufen kraus nach oben gerichtet, sich unterhalb des Kehlsackes stauenb, sich rechts unb links legenb unb mit Jabôt unb Kehlsack ein Kreuz bilbenb, das auf der Mitte der Brust verläuft. Je größer unb gleichmäßiger die Febern der Krause gegeneinander gelegt sinb, je feberreicher unb bichter biese ist, um so schöner die Taube. Das glatt unb fest anliegenbe Gefieder ist zart unb weich, die inneren Flügelfedern sinb bei ge= schlossenen Flügeln bem Rücken zugekehrt. Das Auge ist groß unb lebhaft, umgeben von einem weißen Augenringe, die Iris bunkel, die Brust voll unb breit, Lauf unb Zehen kurz unb glatt, die Schwingen reichen bis 2½ Centim. vom Schwanzenbe. Der Flug ist leicht, rasch unb hoch. Das Gefieder ist einfarbig, blau, schwarz oder weiß. Die Ersteren haben schwarze Flügelbinden. Das Gewicht beträgt nicht mehr wie 200 bis 250 Gramm.

Die niebliche Figur, die Schönheit der Formen bei ebler Haltung, geben ihnen unbedingt den Vorzug vor allen übrigen Möbchenarten. Sie brüten fleißig, boch sinb die Jungen sehr zarter Natur unb leiden schon bei wenig Graben Kälte.

c) Das Chinesische Möbchen

ist etwas größer, aber nicht so schön gebaut, wie das Aegyptische Möbchen. Der schön gewölbte, glatte Kopf ist nicht so eckig, sonbern mehr runb, der starke, vorn ziemlich gekrümmte Schnabel ist etwas länger, in Form eines Papageischnabels, mit welchem Vogel biese Taube in vieler Beziehung, so namentlich in der Haltung, Hals unb Augen viele Aehnlichkeit hat. Das Auge ist groß, die Iris orange= farben unb sehr lebhaft. Die Brust ist voll, der Hals kurz unb

kräftig, die Schwingen gehen bis 12 Millim. vom Schwanzende. Lauf
und Zehen sind kurz und glatt. Das Jabôt an der Brust und am
Halse ist das Eigenthümlichste an dieser Taube. Wenn sie den Hals
streckt, ist der Kehlsack unsichtbar, da derselbe hinter der sogenannten
Cravatte verborgen ist. Diese Cravatte wird von mehreren Reihen
Federn gebildet, welche an der untern Seite des Halses aufwärts
stehen und so, fest an einander gelegt, von einer Seite zur andern,
2¼ Centim. tief unter dem Schnabel weglaufend, diese Cravatte in
Form einer schwachen Perücke bilden. Von dieser ausgehend, zieht sich
das Jabôt abwärts bis auf die Mitte der Brust, eine Rosette bildend.
Von hier aus gehen die Federn strahlenförmig nach allen Seiten, fast
über die Brust hinaus ragend, einen schönen Anblick gewährend. In
Deutschland ist sie erst seit einigen Jahren bekannter geworden, der
Preis für ein Paar daher noch ziemlich hoch. Man hat sie blau mit
schwarzen Binden, schwarz, gelb, silbergrau und zuweilen weiß. Sie
brüten fleißig, wenn auch nicht immer mit Erfolg, namentlich wirken
kalte Nächte nachtheilig auf die Brut. Diese Mövchenvarietät ist
übrigens robuster und lange nicht so zart wie das Aegyptische Mövchen,
daher die Zucht auch viel lohnender.

Den Namen Chinesisches Mövchen hat diese Taube von dem bekannten Französischen Taubenzüchter J. Destriveaux in Paris, der
durch Zufall in den Besitz eines Pärchens gelangte. Ueber die Her-
kunft der Taube herrscht ein gewisses Dunkel, doch ist es wahrscheinlich nur einem glücklichen Zufalle zu danken, der diese neue Varietät
entstehen und fortpflanzen ließ. Im Anfang der fünfziger Jahre
brachten die aus Ostindien zurückkehrenden Zuckerschiffe eine große Anzahl Chinesischer Mövchentauben nach Tilsit und Memel und zwar in
so vorzüglicher Federbildung, wie sie jetzt lange nicht mehr vorkommen.
Von hier aus gingen diese Tauben nach Süddeutschland und waren
dann lange aus dem Handel verschwunden, bis sie später wieder in
Paris auftauchten und von da aus in den Besitz einiger Deutscher
Züchter übergingen.

Vierte Gruppe.

Tauben, welche sich durch den Bau des Körpers auszeichnen.

Erste Unterabtheilung.

Die Kropftauben.

(Columba gutturosa, L.)

Diese allgemein bekannte und beliebte Taubenrace unterscheidet
sich von allen übrigen Tauben dadurch, daß sie den Oeseophagus

(Schlund) bis zur höchsten Potenz aufzublasen im Stande ist, so daß
dieser oft eben so groß wird, als der übrige Körper. Es geschieht
dies durch Einziehung der äußeren Luft in den Schlund, vermittelst
des etwas geöffneten Schnabels, wobei die Kehlklappe sich schließt;
dies Schließen geschieht auf eine Weise, die noch nicht gründlich er-
forscht ist; wahrscheinlich wirken aber die Halsmuskeln mit. Die
Aktion des sogenannten Blasens ist stets eine geschlechtliche, da vor
Entwickelung des Geschlechtstriebes der Kröpfer wenig und nur unvollkommen bläst, und erst zur Paarungs- und Begattungszeit zeigen beide
Thiere, was sie darin zu leisten im Stande sind. Die Hauptschönheits-
regel bei allen Racen der Kropftauben ist, daß der Hals lang sei, damit der Kopf nicht zwischen den Schultern stecke, was den Thieren ein
unförmliches Ansehen verleiht. Ihr Flug ist meist gut, wenn auch
etwas schwer, sie klatschen stark mit den Flügeln und machen häufig
spielende Wendungen, besonders beim Schweben mit hochgehaltenen
Flügeln. Die Vermehrung ist nur mittelmäßig; sie sind aber ihres
munteren Betragens und des oben beschriebenen merkwürdigen Auf-
blasens ihres Kropfes und der dadurch bedingten eigenthümlich graciösen
Stellungen und Bewegungen wegen sehr beliebt. Das Alter der
Kropftauben erkennt man an der größeren Ausdehnung und dem immer
mehr sackartigen Herabhängen des Kropfes. Sie müssen regelmäßig
gefüttert werden, weil sie sich im Hunger häufig überfressen, die Körner dann unverdaut im Kropfe liegen bleiben, verderben und so den
Tod herbeiführen können. In solchem Falle bläst man den Patienten
von Zeit zu Zeit frisches Wasser ein, mischt vorsichtig durch die Kropf-
haut die Körner mit dem Wasser und wiederholt dies Wassereinblasen
so lange, bis die Körner abgegangen sind. Ein Theil davon wird gewöhnlich erbrochen und ein anderer Theil macht den regelmäßigen Weg
durch den Magen. Kropftauben sollte man nie mit anderen Tauben
zusammenhalten, am wenigsten die schweren Arten, weil sie während
des Blasens unbehülflich sind und sich den Angriffen anderer feind-
seliger Tauben nicht entziehen oder sich vertheidigen können. Der Kropf
wird durch Schnabelhiebe gerupft, manchmal sogar durchlöchert; beim
Fressen kommen sie mit flinken Racen vielfach zu kurz; ebenso wird
auch ihre umständige, selbst schwerfällige Begattung von diesen oft gestört, was schlechte Befruchtung und zuweilen Bastarde zur Folge hat,
wenn ein gewandter Täuber den Augenblick benutzt und die sich eben
niederduckende Täubin begattet. Sie sind mannigfaltig gezeichnet, von
ganz verschiedenem Habitus und theilt man sie daher in folgende
Varietäten:

a) Der Deutsche kurz- und glattfüßige Kröpfer
(Columba gutturosa maxima)

ist einer unserer größten Kröpfer von bedeutender Höhe. Die Länge
beträgt 55 Centim. und die Breite mit ausgespreizten Flügeln 1,5 Meter. Er gilt als Stammrace aller übrigen Kröpfervarietäten. Der
runde Kopf ist meist glatt, zuweilen spitzbehäubt, die Stirn hoch, der
Schnabel verhältnißmäßig kurz, der Hals sehr lang und nebst dem
Kropfe stark mit Haaren behängt; Brust und Rücken breit, letzterer
etwas hohl. Der stets aufgeblasene, etwas nach vorn hängende Kropf
hat einen Durchmesser von 12½ — 15 Centim. und einen Umfang
bis zu 42½ Centim. Die kurzen kräftigen Füße sind federlos, die
nachläßig herabhängenden Flügel überragen das Schwanzende um
5 Centim. Dies ist das charakteristische Merkmal der Deutschen Kropftaube und findet sich bei keiner der folgenden Racen.
Die gewöhnliche Farbe ist entweder weiß, oder blau, mit weißem Kopfe
oder Spießen, gelb mit weißem Schwanze und Kopfe, oder schwarz.
Es ist sehr zu beklagen, daß diese Taube in reiner Race seit vielen
Jahren fast ganz verschwunden zu sein scheint, da wir sie auf Ausstellungen und Märkten fast nie vertreten finden. Die Vermehrung ist
allerdings eine äußerst geringe.

Der Hauptgrund des Verschwindens dieser Racen liegt wohl
hauptsächlich im Modewechsel, in Folge dessen die Züchter sich mehr
den schlanken, hochbeinigen Varietäten zugewendet haben.

b) Der Breslauer Kröpfer.
(Columba gutturosa germanica.)

Er steht dem vorigen am nächsten, hat eine stattliche Größe, ist
überhaupt eine der größten Kropftauben, doch ist er weder lang von
Körper, noch ragen die Schwingen über den Schwanz hinaus, weshalb
die Klafterweite viel geringer ist. Der Breslauer Kröpfer kommt einfarbig und gezeichnet vor; im letzteren Falle mit weißem Oberkopfe,
die gelbgezeichneten häufig mit weißen Spießen und Schwanze.

c) Der Französische lang- und glattfüßige Kröpfer

ist von derselben Größe wie der Englische Kröpfer, gewöhnlich einfarbig, zuweilen mit der Abzeichnung der Englischen Race. Er hat
mehr Temperament, wie diese, und bläst den Kropf beständig und
cylinderförmig auf, trägt ihn stets hoch und grade aufgerichtet und
seine langen, ganz glatten Beine streckt er so, daß er der Englischen

Race in Höhe und Stand gleichkommt. Bei der Aufzucht der Jungen ist der Französische Kröpfer ebenso nachlässig und unbeholfen wie alle übrigen Kropftaubenracen, und ist die Vermehrung daher auch eine schlechte.

d) Der Englische lang- und rauhfüßige Kröpfer
(Columba gutturosa anglicana. Englisch: The powder)

ist unter allen Kröpfern der längste und hochbeinigste, starkblasend, hochaufgerichtet und von vortrefflichem Anstande. Bei diesem Kröpfer kommen folgende 5 Hauptpunkte in Betracht: die Länge des Körpers, die Länge der Füße, die Gestalt des Kropfes, die Schlankheit der Figur und die Schönheit des Gefieders. Die Körperlänge, von der Schnabelspitze bis an das Schwanzende gemessen, beträgt bis zu 50 Centim., die Länge der Füße, vom obersten Gelenke des sichtbaren Schenkels, bis zum Ende der Zehen 17½ Centim. Der Kropf muß weit und rund sein, namentlich in der Richtung nach dem Schnabel, bis hinter den Hals reichend, und sich bis an die Schultern anlegend. Er muß ferner in seiner ganzen Ausdehnung mit Luft angefüllt sein, und darf nicht schlaff herabhängen, so daß die Taille verhältnißmäßig dünn erscheint. Je schlanker nebenher die übrige Figur ist, in einer um so schöneren Gestalt erscheint der Kröpfer. Die Stirn ist hoch, der Nacken stark, der Schnabel 2½ Centim. lang und kräftig, der Hals sehr lang, der Rücken hohl, die Taille fein. Die fest anliegenden Schwingen reichen bis 2½ Centim. vom Schwanzende und kreuzen sich über dem Unterrücken. Die 12½ Centim. langen Beine sind kräftig, nahe aneinanderstehend und gut, aber nicht übermäßig stark befiedert, Lauf und Zehen sind mit kurzen, weichen Federn dicht besetzt, doch ohne Hosen an den Schenkeln und ohne Latschen. Das ganze Gefieder ist fest und glatt anliegend, am Halse und Kropfe finden sich viele Haarfedern. Ein schön gezeichneter und gescheckter Kröpfer muß folgende Zeichnung, die ihm eigenthümlich ist, haben: der Schopf muß weiß sein, umgeben von einem grünlichen Schimmer, vermischt mit der Farbe, womit er gescheckt ist; mit dem Schopfe ist jedoch nur der vordere Theil nach dem Kropfe zu gemeint, und keinesfalls darf das Weiße bis hinter den Hals reichen; Kopf, Hals, Rücken und Schwanz müssen von gleicher Farbe sein. Weiß ist sodann ein zwei Finger breiter, an den Seiten spitz zulaufender Halbmond auf der Brust, ferner die Schulterrose auf der obern Flügelspitze, und die Schenkel bis zum oberen Kniegelenke, sowie die 9—10 großen Schwungfedern; alles übrige ist gefärbt. Die Färbung hört unten am Bauche grade vor den Schenkeln auf. Die Schulterrose besteht aus einigen weißen,

mit farbig untermischten Federn in Form einer Rose auf den Flügel=
decken nächst den Schultern, doch darf dieser weiße Fleck nicht bis an
das andere Ende des Flügels laufen. Unregelmäßigkeit in der Zeich=
nung findet sich häufig bei dem weißen Brustbande und der Schulter=
rose. Die Schecken werden fast allgemein am meisten geschätzt und
unter diese sind zu rechnen die blaue, schwarze, rothe und gelbe Schecke,
welche ihrerseits im Werthe steigen, jemehr sie die oben angegebenen
5 Eigenschaften vollständig erreichen. Unter gleichen Verhältnissen zieht
man die Schwarzschecken den blauen und rothen vor, die Gelbschecken
aber allen anderen Farben. Der Englische Kröpfer muß ferner eine
aufrechte Haltung haben, mit fächerartig ausgebreitetem Schwanze, der
jedoch den Boden nicht berühren darf, ebenso wenig dürfen sich dabei
die Rückenfedern sträuben. Er muß fest und geschlossen auf den Bei=
nen stehen, und darf nicht, namentlich beim Treiben hinter die Täubin,
springen, sondern, sich beinahe auf die Zehen stellend, trippeln. Der
Flug ist sehr rasch und klatschend, einmal schnell, dann wieder schwe=
bend, das Betragen munter, die Vermehrung in späteren Jahren gut.
In Deutschland kommt die Englische Kropstaube in letzterer Zeit häufig
vor, und findet man fast auf jeder Geflügel=Ausstellung recht schöne
Exemplare, die natürlich noch zu hohen Preisen fortgehen; die sonst
noch vorkommenden Englischen Kröpfer mit großen Hosen, breiten
Latschen und langem spitzen Kropfe dürften auf Englischen Aus=
stellungen wohl nicht reüssiren.

Große Aehnlichkeit im Körperbau mit dem Englischen Kröpfer hat

e) die Pommersche Kropstaube.

Diese Kropstaube ist nach Director Dr. Bobinus*) unverkennbar mit
der Englischen verwandt, wird in ihrer vollendetsten Schönheit in den
Städten Stralsund und Greifswald gezüchtet, und soll vor vielen Jahren
aus England eingeführt sein; sie ist aber unbedenklich schöner als alle
Exemplare, die in neuerer Zeit, von dort mitgebracht, mir zu Gesicht
gekommen sind. Allerdings muß anerkannt werden, daß die Englischen
Kropstauben eine sehr constante Zeichnung haben, sehr hochfüßig sind
und den Kropf vortrefflich blasen, für unsere Pommerschen Liebhaber
und Züchter haben sie aber einen unerträglichen Fehler, nämlich den,
daß sie kleine Federchen an den Ständern haben, kleiner noch, wie bei
den Holländischen Kropstauben. Hat man erst einmal eine gut auf=
gesetzte hochfüßige Pommersche Kropstaube gesehen, von schöner, großer

---

*) Siehe „Columbia", Zeitschrift für Taubenliebhaber, =Züchter und
Händler. Jahrgang 1877. Nr. 5 Seite 62 u. flgde.

Gestalt, vorschriftsmäßiger, regelrechter Zeichnung mit Federn (Latschen)
an den Füßen, von 5—13 Centim. Länge (die Zehen sind mit kürzeren
Federn bedeckt), dann gewinnt man den kahlfüßigen Kropftauben keinen
Geschmack mehr ab und der Vorzug wird ersteren ebenso gewiß ertheilt
werden, wie den rauhfüßigen Cochinchina=Hühnern vor den kahlbeinigen.
Die an den Füßen kurz besiederten Kropftauben erscheinen dem Be-
schauer wie eine große Statue, welche auf einem kleinen, erbärmlichen
Piedestale steht. Gern gebe ich zu, daß auch in der Taubenliebhaberei
sich die lokale Mode geltend macht, doch ist die außerordentliche Schön=
heit der ausgezeichneten Pommerschen Kropftauben auch fremden Tauben=
freunden aufgefallen. Der verstorbene Herr Wermann in Altenburg,
eine Capacität in Taubenangelegenheiten, war ganz entzückt, als er zu=
erst ein Paar erblickte, die ich dem Herrn von Beust übersandt hatte.
Diesem Wohlgefallen fremder Züchter ist es zuzuschreiben, daß die
schönsten Exemplare vor Jahren zu enormen Preisen (45—60 ℳ
für das Paar) namentlich nach Berlin für einzelne, reiche Liebhaber
ausgeführt wurden, dort mit der Zeit verkamen und selbst in oben
genannten Städten jetzt zu den Seltenheiten gehören.

Die Pommersche Kropftaube mißt von der Schnabelspitze bis zum
Schwanzende 42—47 Centim., von der einen bis zur andern aus=
gebreiteten Flügelspitze 70—75 Centim.; die Füße sind vom Flügel=
gelenk bis zur Spitze der mittleren Zehe ungefähr 18 Centim. lang
und es hängt wesentlich von ihrer Biegung in den Gelenken ab, ob
die Taube recht hochfüßig erscheint, d. h., je stumpfer der Winkel ist,
in welchem Ober=, Unter=Schenkel und Ständer zu einander stehen, um
so höher steht natürlich die Taube, um so werthvoller ist sie. Die
Gestalt ist gestreckt mit breiter Brust, die Federn liegen überall an,
die Spitzen der zusammengelegten Flügel reichen bis etwa 1½ Centim.
vom Schwanzende, der Schwanz selbst darf nicht schleppen, der Rücken
muß etwas convex gewölbt sein. Bei guten Tauben darf der Kropf
nicht hängen, (nur ältere Thiere, die viele Bruten erzogen, haben auf
Nachsicht zu rechnen), aber man sieht es auch nicht gern, wenn er
überblasen wird, so daß er die Tauben genirt; er muß möglichst kugel=
förmig sein und in angemessenem Verhältnisse zum Körper stehen. An
den Schenkeln müssen recht lange Hosen herunterhängen und die den
Ständer bedeckenden seitwärts abstehenden Federn (Latschen) dürfen nicht
unter 2⁹⁄₁₀ Centim. Länge haben, wenn die Taube nicht verachtet
werden soll; oft erreichen sie eine Länge über 13¹⁄₁₀ Centim. und er=
höhen, je mehr sie sich dieser Länge nähern und namentlich, wenn die
Taube recht aufgerichtet steht, ihren Werth.

Die hauptsächlichsten Grundfarben der Pommerschen Kropftaube
sind gelb, vom dunklen Tümmlergelb bis zur weißlichen Isabellfarbe;

braun, vom schönen Kastanienbraun bis zum bläulichschuppigen Braun, mit schwarzem, hornfarbigem oder fleischfarbigem Schnabel; schwarz in verschiedenen Nüancen und blau mit schwarzen oder caffebraunen Bin= den. Daß man durch Verpaarung verschiedener Farben Mischlinge er= hält, versteht sich von selbst, man sucht jedoch gern die Grundfarben in möglichster Schönheit, Reinheit und Vollkommenheit zu erhalten.

Bei den gelben und braunen Kropftauben sind die Schwingen und der Schwanz weiß; hat letzterer einen mehr oder minder starken gelblichen oder bläulichen Anflug, was nicht selten ist, so wird der Werth der Taube dadurch verringert. Bei den schwarzen und blauen Kropftauben sind lediglich die Schwingen weiß, der Schwanz hat die allgemeine Körperfarbe. Die Hauptsache bei allen 4 Hauptfarben ist die Zeichnung des Kropfes. Am werthvollsten sind diejenigen, bei denen sich ein nach oben offener, regelmäßiger Halbmond etwa über die Mitte desselben zieht, so daß sich unter dem Unterschenkel ein 1 bis 2, ja 3 Finger breiter „Bart" von der Grundfarbe der Taube befindet. Gern hat man es auch, wenn der Unterleib derselben kurz vor den Schenkeln scharf abgeschnitten weiß ist, und auch die Hosen und langen Fußfedern gleichfalls weiß sind, was jedoch bei blauen und schwarzen Tauben weniger beachtet wird. Als großer Fehler gilt es, wenn am Vorderkopfe eine weiße Schnippe vorhanden ist; der ganze Kopf muß überhaupt ohne weiße Flecke sein, und eine ganz besondere Caprice der Pommerschen Taubenliebhaber besteht darin, daß sich auf den Flügeln durchaus nicht die weiße Rose der Englischen Kropftaube oder sonst weiße Federn vorfinden dürfen. In Betreff der Zeichnung des Kropfes ist man auch zufrieden, wenn sich statt des weißen Halbmondes ein Quadrat, ein regelmäßiges Dreieck mit der Basis nach oben oder eine anderweitige, regelmäßige Figur vorfindet, und gilt auch hierbei, daß noch Hauptfarbe zwischen dem Weiß derselben und dem Unter= schenkel in möglichster Breite vorhanden ist. Tauben, bei denen sich das Weiß bis an den Unterschenkel erstreckt, haben nach dem Kunst= ausdrucke eine „offene Kehle" und stehen in viel geringerem Werthe, als jene, welche einen recht großen „Bart" haben. Oft ist der ganze Kropf mit Ausnahme des Halses weiß, ist dabei aber ein Bart und ein schmaler Strich der Hauptfarbe zwischen Kropf und Unterleib, so ist dies ein Beweis einer edlen und constanten Züchtung, besonders, wenn sich dann auch nirgend auf den Flügeldecken weiße Federn be= finden. Es gibt noch ganz schwarze und ganz weiße Pommersche Kropftauben, die übrigen einfarbigen, oft von vorzüglicher Schönheit und Größe sind fast ausgestorben.

Am regelmäßigsten gezeichnet sind unter den verschiedenen Farben die braunen, welche besonders hochgeschätzt sind, wenn sie bei einer schönen rothbraunen Färbung einen weißen Schnabel haben; sie züchten am leichtesten wieder schön gezeichnete Junge; alsdann folgen die dunklen Tümmlergelben, hierauf die blauen und dann die schwarzen. Letztere Farbe existirt in ihrer Vollendung gar nicht mehr und die Züchter haben fast die Hoffnung aufgegeben, sie wieder zu erhalten; dagegen findet man schwarze mit weißen Schwingen, und schwarz= schwingige mit unregelmäßiger Zeichnung, namentlich weißen Flecken auf den Flügeldeckfedern häufiger. Blauweißschwingige Kropftauben mit schöner weißer Zeichnung auf dem Kropfe und Bart sind zwar auch selten, kommen aber doch noch ab und zu vor.

Eine vollkommen schön gezeichnete, hochfüßige Pommersche Kropf= taube von recht schöner, reiner Grundfarbe ist einer der prächtigsten und anziehendsten Vögel, ist selbst in ihrer Heimath nicht häufig und wird von den Liebhabern gar nicht verkauft oder sehr theuer bezahlt; der Preis von 12—15 ℳ für das Stück war schon vor 20 Jahren nichts Ungewöhnliches, und einzelne werden heute mit 25—30 ℳ bezahlt, während geringere Thiere schon für 3 ℳ zu haben sind. Beim Ankauf sehen die Liebhaber sehr viel auf die Abstammung; sind die Aeltern oder Großaeltern vorzügliche Thiere, so sieht man ihren Abkömmlingen schon einige Mängel nach, indem man bei der Nach= zucht derselben auf einen Rückschlag zum Bessern rechnen darf, während bei wohlgerathenen Jungen mangelhafter Aeltern in der späteren Ge= neration sich die Fehler der letzteren leicht vererben. Es ist übrigens ganz gewöhnlich, daß, wenn sehr schöne Tauben einige ungehörige Federn an irgend einer Stelle haben, die Scheere diesem kleinen Uebel abhilft.

Paart man Englische Kropftauben an Pommersche, so darf man durchaus nicht darauf rechnen, Junge mit lang befiederten Beinen zu erhalten und mit Sicherheit wird man bei diesen auch weiße Federn unter den Flügeldecken finden, Mängel oder vielmehr Fehler, welche man viele Generationen hindurch entdecken wird; es muß daher eine lange Reihe von Jahren dazu gehört haben, um die Pommersche Kropftaube aus der Englischen in vollendeter Schönheit zu erzielen; eine große Verwandtschaft beider Arten ist nicht zu verkennen.

f) Die Sächsische Kropftaube.

Sie ist nicht so groß wie die Deutsche, weit schneller und leichter im Fluge, und von schlankerer Gestalt. Die Flügel liegen knapp am Körper und reichen bis an's Ende des Schwanzes, auf dem sich die Flügelspitzen übereinander legen. Der Schnabel ist länger und schwächer wie bei dem Deutschen Kröpfer, Füße und Schenkel sind hoch

und befiedert. Sie ist schwächlicher Natur und vermehrt sich nicht
stark. Gewöhnlich ist das Gefieder einfarbig, blau, schwarz, braun,
gelb, häufig jedoch isabellfarbig mit weißen Flügelbinden.

g) Die Holländische Kropftaube
(Columba gutturosa equos, L.)

unterscheidet sich von der Prager Kropftaube durch einen etwas größeren
Körper, mehr cylinder= als kugelförmigen Kropf und langbefiederte, mit
Hosen und Latschen versehene hohe Füße. Sie ist stets einfarbig in
allen Farben, häufig mit weißen Flügelbinden. Man züchtet unter
ihnen am meisten die Isabellen, und findet man dieselben bei keiner
andern Race so vollkommen. In Holland, von woher sie stammt,
kommt sie ebenfalls nur einfarbig vor, doch hat sie daselbst weniger
befiederte, dünne Beine, und kurze und nahe zusammenstehende Zehen.
Der Gang des Täubers ist trippelnd, gegen die Täubin springend.
Sie ist gewandt, von sehr aufrechter Haltung, schlank, gestreckt und
hochbeinig, weil sie die Schenkel (d. h. den zunächst über den Bauch
stehenden Theil des Beines) außerhalb des Bauchgefieders trägt. Sie
bläst sehr gut, wobei der Kropf eine längliche, cylinderförmige Form
annimmt. Die Flügel erreichen das Ende des Schwanzes nicht, sind
schmal zusammengezogen, glatt anliegend und kreuzen sich mit den
Spitzen über dem Schwanze. In ihrer aufrechten Stellung mit den
stark behosten Beinen gleicht die Holländische Kropftaube einem ruhenden
Falken. Es ist eine sehr muntere Taube, welche gern und klatschend
fliegt, besonders gern streicht sie schwebend mit hochgehaltenen Flügeln
umher. In der Zucht ist sie ziemlich gut.

h) Der Oesterreichische Plätscher.

Diese Taube ist ein Mittelding zwischen der Holländischen und
der Deutschen Kropftaube; es ist eine kräftige Taube, größer als die
Holländische Kropftaube, breiter und plumper gebaut, hat kürzere, un=
befiederte Füße, steht nicht so aufrecht, hat längere Flügel und bläst
den Kropf, ebenso wie die Deutsche Kropftaube auf. Man könnte
glauben, es wäre ein Bastard von der Deutschen und der Holländi=
schen Kropftaube; aber dies ist nicht der Fall. Ihr Gefieder zeichnet
sich aus, denn es hat eine sehr lebhafte glänzende Farbe und ist rein
einfarbig; es zeigt sich nie eine weiße Schwungfeder oder etwas Weißes
am Kopfe. Wenn sie aber Abkunft oder Bastard von der Deutschen
Kropftaube wäre, so würden die weißen Schwungfedern und der weiß
gezeichnete Kopf nicht gänzlich wegbleiben. Es ist eine sehr gute Zucht=

taube, sehr lebhaft und wenn sie die kürzeste Strecke fliegt, so klatscht sie mit den Flügeln, daß man es weithin hört, gleich dem Ring=schläger. Sie ist groß, fleischig und als gut schmeckende Tafeltaube sehr zu empfehlen. Sie kommt in Schwarz, Blau, Gelb und Weiß vor.

i) Die Prager Elster=Kropftaube.

Diese Kropftaube hat sehr viel Aehnlichkeit mit den alten be=kannten Elster=Kropftauben. Die aber so ziemlich verschwundene Pra=ger Elster=Kropftaube, welche den Körperbau zwischen der Deutschen und Holländischen Kropftaube hat, ist höher gestellt und hat befiederte Füße. Die Flügel haben dieselbe Zeichnung wie die der Deutschen Elster=Kropftaube, die Prager haben aber nicht den reinen weiß ge=zeichneten Kopf, sondern vom Schnabel an bis auf die Mitte des Kopfes eine farbige Bläffe. Es ist eine gute Taube zur Zucht, sehr lebhaft und hat die Manieren wie die Holländische Kropftaube.

k) Die kleinen Kropftauben

und zwar:

1. Die Brünner Kropftaube.
(Columba gutturosa minima.)

Sie wird besonders schön in Prag und Wien gefunden, wo sie unter dem fälschlichen Namen „Holländische Kropftaube" bekannt ist. Es ist die zierlichste und feinste aller Kropftauben. Weil sie zuerst aus Brünn zu uns importirt wurde, nannte man sie „Brünner Kropftaube", und unter diesem Namen ist sie am bekanntesten. Sie hat von allen Haustauben den kleinsten Körper und beträgt seine ganze Länge 27 1/2 Centim., Klafterweite 60 Centim. Die Beine sind sehr lang, weil die Schenkel außerhalb des Bauchgefieders stehen und beim Blasen so gestreckt sind, daß sie mit dem Laufe beinahe eine senkrechte Linie bilden. Das Bein mißt 14 Centim., und wiegt die ausgewach=sene Taube 200—266 2/3 Grm. Sie ist unaufgeblasen nicht viel größer wie eine Amsel und so schlank, daß man sie zwischen Daumen und Zeigefinger durchziehen kann. Den Schenkel und das mittlere Gelenk drückt sie im Affekt so scharf heraus, daß es aussieht, als wenn es ein Knie wäre, welches sie nach vorn bewegen könnte, wobei sie fast senkrecht auf den Zehenspitzen steht. Der glatte, fein geformte Kopf ist länglich, die Stirn hoch, der Hals lang, der kugelige Kropf hat 7 1/2 Centim. im Durchmesser, ist jedoch ohne Haare. Der dünne, spitze,

abwärtsgebogene Schnabel ist 2 ½ Centim. lang, die Taille fein. Die
Flügel liegen fest am Körper und reichen bis 2 ½ Centim. vom
Schwanzende. Die Spieße sind stark zusammengezogen, dabei schmal
und lang, über dem Unterrücken stark gekreuzt. Lauf und Zehen sind
schmächtig und glatt, überhaupt hat die Taube ein loses, federarmes
Gefieder, fliegt aber trotzdem gut und mit Ausdauer. Der Brünner
Kröpfer ist meist farbig, wie die Sächsische Kropftaube. Schwarze mit
weißen Flügelbinden, blaue, braune und gelbe sind die gewöhnlichsten,
die weißgestreiften zarten Isabellen die seltensten. Bei dieser Färbung
muß das ganze Gefieder ohne Ausnahme völlig gleichmäßig vom
zartesten, duftigsten Isabell wie überhaucht sein, nicht dunkler, als daß
man die rein weißen, schmalen Flügelbinden deutlich erkennen kann.
Damit verbunden ist ein fleckenloser, zart fleischfarbener Schnabel, von
gleicher Farbe sind die Nägel und Hautlidränder. Die Iris ist hell=
gelb, orange umsäumt. Ein dunkler Schnabel ist entschieden ein Haupt=
fehler. Die Brünner Kröpfer sind munter und lebhaft, fliegen gern,
rasch und klatschend, und gehen ungern in fremde Schläge. Er ist ein
ebenbürtiges Seitenstück zum feinen Almondtümmler, und ebenso zier=
lich, elegant und munter in seiner Art als dieser. Man kann sich
nichts Hübscheres denken, als einen Schlag voll dieser lebhaften, netten
und verliebten Täubchen, bei denen des Courmachens und Treibens
kein Ende ist. Der verliebte Täuber treibt die Täubin mit auf=
streichendem Schwanze, springt und fliegt ihr mit aufgeblähetem Kropfe
und dumpfem Ruckfen nach, während sie mit stolzem Anstande vorauf
läuft. Er fliegt leicht, rasch und klatschend und hat viel Ausdauer
im Fliegen; hierzu ist der aufgeblasene Kropf mit behülflich, denn
man trifft es, daß eine Brünner Kropftaube 50 — 60 Schritte weit
in der Luft hinstreicht, die ausgespannten Flügel oben über dem Rücken
haltend, ohne einen derselben zu bewegen. Dies bringt keine andere
Taube auf eine so lange Strecke zu wege; überhaupt ist der Flug
anders als bei den übrigen Tauben. Wenn von diesen Kropftauben ein
Flug schwärmt, so sieht man sehr deutlich, wie gern sie fliegen; sie
machen sich ein Vergnügen daraus, eine halbe Stunde in großen und
weiten Kreisen um ihren Schlag herumzustreichen. Der Brünner Kröpfer
läuft im Affekt hochbeinig wie auf Stelzen, wobei er sich noch auf die
Zehen stellt und bläst den rundlichen Kropf so tüchtig voll, daß er
über 7 ½ Centim. Durchmesser hält.

2. Die Prager Kropftaube,

auch Storchkröpfer genannt, ist nicht viel größer, wie die Brünner
Kropftaube, die Füße sind ebenso hoch und nebst den Zehen etwas befiedert.
Sie ist entweder einfarbig mit weißen Flügelbinden, oder gestorcht,

weiß mit geschecter, größtentheils braunrother Brust, Schwingen und Schwanze. Sie stammt aus Böhmen und findet man unter ihnen häufig sehr starke Bläser.

l) Die Holländische Ballonkropstaube
(Columba gutturosa batavia)

zeichnet sich zunächst durch ihre eigenthümlich kurze, runde Gestalt und zurückgebogenen Hals vor allen anderen Kropstauben aus. Ihre Länge beträgt 32 1/2 Centim., die Klasterweite 67 1/2 Centim., die Beinlänge 14 Centim., das Körpergewicht bis zu 383 1/3 Grm. Der Kopf ist glatt, Schnabel und Augen gewöhnlich, der Nacken sehr kräftig, der Hals wie bei der Pfautaube zurückgebogen, selbst beim Nichtblasen, und ist dies das erste charakteristische Kennzeichen des Ballonkröpfers, die Brust ist dem entsprechend hervortretend und breit. Der Kropf hat aufgeblasen einen Durchmesser von 12 1/2 bis 15 Centim., im Umfang 37 1/2 bis 45 Centim., der Körper erscheint hierdurch noch kleiner und kürzer, wie er schon ist, und gibt dem Thiere ein eigenthümliches Ansehen. Die Flügel gehen bis 10 Centim. vom Schwanzende und sind etwas gekreuzt. Das Bein ist kurz befiedert, Farbe und Zeichnung verschieden. Sie steht mit gesteiften Beinen und zwar niedrig, und geht, stark nickend, würdevoll. Beim Fliegen trägt sie den Kopf und Kropf aufgerichtet, was der Taube das Aussehen eines Ballons verleiht, woher auch der Name. Alle übrigen Taubenracen strecken den Hals im Fluge horizontal aus, und diese Abweichung von der Regel ist das zweite charakteristische Kennzeichen. In der Zucht ist sie schlecht. In Holland verwendet man viel Sorgfalt auf die Nachzucht, in Deutschland weniger, da die Taube im Ganzen keinen schönen Eindruck macht.

.

Zweite Unterabtheilung.
a) Die Türkischen oder Orientalischen Tauben.

Nachweislich sind fast alle Repräsentanten dieser Familie aus den Türkischen Besitzungen in Asien und Afrika zu uns übergeführt worden. Deshalb wurde für jede einzelne Art derselben auch häufig der Name Türkische Taube gebraucht, zumal sie viele Aehnlichkeiten und gemeinschaftliche Eigenthümlichkeiten unter einander haben. Sie unterscheiden sich von allen übrigen Taubenracen durch ihren Schädelbau und dicken, unförmigen, stark entwickelten, an der Wurzel sehr breiten Schnabel. Die Nasenhaut ist stark entwickelt, bei einigen Arten so stark, daß sie

sich fältet und runzlig wird. Die Haut um das Auge ist nackt, feder=
los und gleichfalls runzlig. Sie sind alle glattfüßig, meistens unbe=
häubt und perläugig, widerstreben der regelmäßigen Zeichnung und sind
in der Regel einfarbig. Die Farbe ist bei ihnen voll, intensiv glänzend;
der Körper ist groß und kräftig entwickelt. Trotz dieser vielen Aehn=
lichkeiten besteht dennoch ein großer Unterschied zwischen den einzelnen
Arten, der bei jeder einzelnen ausführlich beschrieben ist. Bis jetzt
kennt man in Europa 6 verschiedene Arten und einige Varietäten,
nämlich:

1. Die Französische Bagdette.

Diese Taube ist jetzt selbst in Frankreich äußerst selten und dort
hoch im Preise. In Deutschland wurde sie erst in der letzten Zeit
bekannt. Nach Destriveaux, einem bekannten Französischen Tauben=
züchter, heißt die Taube ursprünglich in Frankreich Batavais (Batavier),
nicht wie jetzt Bagadois, weil sie von den Holländern (Bataviern),
oder aus Batavia, vielleicht auch beides, importirt worden sein soll. Sie
ist in Deutschland auch schon als Malayische bezeichnet worden, und in
der That erinnert sie so sehr an das Malayische Huhn, daß man fast
mit Gewißheit annehmen darf, beide Thiere haben ein und dasselbe
Vaterland. Es kommt bei dieser Taube weniger auf den Kopf an,
wie bei ihren Verwandten, dem Berber, Carrier und der krummschnäbeligen
Bagdette, als vielmehr auf ihren Körperbau und die ganze Haltung.

Sie hat einen kräftigen, gedrungenen Körper, aufrechtstehende
majestätische Haltung, perlfarbene Augen, große, rothe, wenig bepuderte
Augenringe, einen dicken, starken und wenig gekrümmten Schnabel, der
mit der Stirn einen flachen Winkel bildet, einen dünnen langen
Schwanenhals, hohe, vom Kniegelenke bis zu den Zehen nackte, kräftige
Beine, und einen zeitweise aufrecht getragenen Schwanz, der jedoch
nicht schwalbenschwanzähnlich sein darf. Das Gefieder ist knapp, so
dicht am Körper liegend, daß alle seine Theile scharf hervortreten,
namentlich die Schultern und das Brustbein, und oft an diesen Stellen
die nackte Haut sichtbar ist. Die ohnehin sehr hohen und starken Beine
treten durch das knappe Gefieder noch mehr hervor. Es ist ohne
Zweifel die grobknochigste und schwerste aller Tauben. Aechte Exem=
plare wiegen über 1 Kilo. Bei diesem Gewichte erscheint sie jedoch
kleiner wie der Römer und die Monteaubantaube, weil sie, obwohl
höher stehend wie diese, sehr kurz ist. Ein Römer von $3/4$—$7/8$ Kilo
klaftert etwa 94—96 Centim., während eine Französische Bagdette von
1 Kilo nur 82 Centim. klaftert. Sie wird hauptsächlich in Frank=
reich gezüchtet und ist weiß geschäckt. Ihre Haltung ist edel, der starke

unbehäubte Kopf länglich, das perlfarbige Auge verhältnißmäßig groß, der rothe Augenring so kräftig wie beim Carrier, jedoch nicht so roth wie beim Berber (Indianer). Der Schnabel ist weder so lang, noch so gekrümmt wie bei der krummschnäbligen Bagdette, noch so warzig wie beim Carrier, der Rücken breit, die Flügel nicht sehr lang, vorn vor der Brust etwas gehoben und muß die ganze Gestalt etwas huhnartiges haben. Die Vermehrung ist eine gute.

2. Die Deutsche (krummschnäbelige) Bagdette

(Nürnberger Bagdette)
(Columba curvirostris, Brm.)

ist eine große stattliche Taube von starkem Knochenbau. Ihren Namen leitet man gewöhnlich von der Stadt Bagdad ab. Im Türkischen heißt die Bagdette „Bagabin", verdeutscht Eilbote. Die Englische Be= nennung Baget-pigeon, von bag beladen, aufgeschwellt, deutet sowohl auf die Function des Trägers (Carrier), als auch die Beschaffenheit der Nasenhaut. In Süddeutschland heißt sie Packettaube oder Packette, was gleichfalls an Beides erinnert. Es ist somit nicht wohl zu ent= scheiden, ob der Name dieser Taube von der Stadt Bagdad, dem Türkischen Bagabin, oder dem Englischen baget abzuleiten ist. Der Hals ist dünn, der Kopf lang und schmal, der Schnabel auffallend lang und vorn sehr gebogen mit großem, warzigen Nasenhöcker, das Auge umgibt ein breiter Warzenkreis. Sie ist merklich größer als die Feldtaube, die Flugbreite beträgt 77 1/2 Centim., das ganze Bein mißt 18 Centim.; der Flügel erreicht das Schwanzende bis auf 5 Centim. Gewicht 625 Gr. Von der Seite gesehen bilden der Kopf sammt dem langen Bogenschnabel einen Halbzirkel. Der Kopf ist fein, lang, schmal und glatt; der Schnabel ist beinahe 4 Centim. lang und schön gebogen; der warzige Nasenhöcker darf nicht weit in die Stirn hineinreichen, ist etwa 2 1/2 Centim. breit, ebenso lang, von vorn gesehen herzförmig; der warzige Augenring hat 2 Centim. im Durchmesser, ist mehr flach als dick, in der Jugend röthlich, im Alter weißkrustig und mit dem Schnabelwinkel und Nasenhöcker durch einen warzigen Zügel verbunden; der Hals ist schwanenartig dünn und lang, mit stark vortretendem Kehlkopf; die Kehle hängt etwas sackartig herab; das Brustbein tritt sehr scharf hervor; Rücken und Brust sind breit; die kräftigen Flügel hängen in die Brust herein, und sehen schmal aus, weil die Schwingen eng zusammengezogen sind. Die Füße sind stark und unbefiedert; das nicht volle Gefieder liegt knapp an, und läßt die eckige Gestalt markirt hervortreten. Der Nasenhöcker und Augenkreis ist regelmäßig und zierlich gebildet, nicht so monströs

als bei der grabschnäbeligen Bagdette; auch die Auswüchse am
Mundwinkel und Unterschnabel sind kleiner.

Die Schönheitsregeln für die racemäßig gut ausgestattete Bag=
dette sind (nach Führer) folgende: Der Schnabel (das Horn) muß
schön gebogen, lang, dick, stumpf und hellfarbig (ohne Flecken) sein;
der Schnabelhöcker muß tief unten an der Stirn sitzen, mehr flach
als hoch, herzförmig und nicht allzu breit; der Kopf muß lang und
schmal sein, und vom Nacken an bis zur Schnabelspitze, von der Seite
gesehen einen Halbkreis bilden; der Augenkreis (Rose) ist groß, flach
und regelmäßig; der Hals lang und dünn und an dem Kinn mit
Bart geziert; der Körper soll einen breiten Rücken und breite Brust
zeigen, der Grat des Brustbeines muß scharf hervortreten, die Schwingen
sollen schmal und kurz, der Schwanz kurz und die Füße hoch sein.
Das Gefieder zeigt einen rein weißen Kopf mit Mückchen, geschlossene
Brust, ein regelmäßiges Herz und rein gefärbten Schwanz.

Wenn Stirn und Schnabel einen Winkel bilden, wenn der Scheitel
eine Dalle hat, wenn der Oberschnabel länger als der untere, oder
gar gekreuzt ist und klafft, so sind das Fehler, die den Racenschönheits=
regeln zuwider laufen.

Man trifft bei der Bagdette eine elsterartige Zeichnung, auf
deren Regelmäßigkeit der Kenner viel Werth legt; der ganze Kopf bis
in den Nacken, von da spitzig gegen die Brust verlaufend, ist weiß;
ebenso die Deck= und Schwungfedern der Flügel, und der Unterleib
(vor oder hinter den Schenkeln) gegen den Vorderleib scharf oder ver=
laufend abgeschnitten; desgleichen der Hinterkörper und Unterrücken
sammt Schenkeln. Gefärbt sind die Zügel (schwarze kleine Fleckchen
zwischen Auge und Schnabel, die Mücken genannt), der übrige Hals,
Brust, Vorderleib, Schulterfedern, Oberrücken und Schwanz. Die
Zeichnung der Schultern und des Oberrückens nennt der Liebhaber
„das Herz". Man trifft die Zeichnung auch so, daß außer Kopf,
Seitenhals, Vorderhals und Flügeln alles Andere gefärbt ist. Diese
Zeichnungen finden sich in allen Hauptfarben; bei Gelb= oder Roth=
schecken soll jedoch das Herz nur klein sein. Je reiner und symme=
trischer die Zeichnung, desto besser. Einfarbig und schönracig kommen
sie nur in Weiß vor, in anderen Farben ist dies selten.

Diese außerordentlich interessante Taube, welche mehr einem grim=
migen Raubvogel, als einem friedlichen Körnerfresser gleicht, stammt
aus dem Orient, und kam vermuthlich von Bagdad aus zuerst in
den Handel. Bei uns wird sie vorzugsweise schön in Nürnberg ge=
züchtet, welches bekanntlich vor Jahrhunderten mit der Levante in leb=
haftem Handelsverkehr stand und das Verdienst hat, diese stattliche

Taube eingeführt und zuerst gezüchtet zu haben; noch jetzt soll sie in genannter Stadt die Lieblingstaube sein.

Ihr Flug ist kräftig, rasch, mehr stürmisch als gewandt, ihre Stimme abgebrochen und tief; gegen kleinere Tauben ist sie gewalt=thätig, paßt daher nicht zu ihnen, sondern muß mit anderen großen Tauben, oder besser noch allein gehalten werden. Gegen den Menschen zeigt sie Mistrauen und gewöhnt sich nur allmälig an ihren Futter=herrn. Da sie, wie die meisten feinracigen Tauben, nicht gut züchtet, ist es zweckmäßig, wenn man einige Paare gut brütender Feldtauben daneben hält, um ihnen die Eier und Jungen zutheilen zu können. Im Alter wird die Bagdette durch den Schnabelwulst oft am Sehen verhindert, deshalb gebe man kein zu kleines rollendes Futter, sondern Gerste, große Wicken, Mais, Erbsen und kleine Pferdebohnen. Man füttere reichlich und in langen $12^1/_2$ — 15 Centim. breiten hölzernen Kistchen, welche man oben mit starkem Draht in 6 Centim. lange und ebenso breite Fächer abtheilt, damit sich keine Taube hineinsetzen kann. Bei schlechter Behandlung und in Gemeinschaft mit anderen, schnell=fressenden Tauben kommt sie, gleich dem Kröpfer, stets zu kurz und verkümmert, weshalb man sie in der Regel auch getrennt für sich in luftigen und geräumigen Schlägen hält.

3. Die Englische (grabschnäbelige) Bagdette
(Columba tabellaria persica)

in England Carrier (letter-Carrier) genannt, ist eine elegante, stark=knochige, breitrückige, langgestreckte, schlank und hochstehende, langhalsige edle Taube, von sehr eleganter Form, hoch aufgerichteter, kühner Haltung und nimmt unter allen Bagdetten den ersten Rang ein. Die Länge beträgt von der Schnabelspitze bis zum Schwanzende $41_{,7}$ Centim., die Höhe vom Scheitel bis zur Sohle etwa $31_{,4}$ Centim., der Hals mißt $10_{,5}$ Centim. und hat unter dem Kinn nicht über $1_{,9}$ Centim. Durchmesser; die Schwingen reichen bis $3_{,4}$ Centim. vom Schwanzende; der Schwanz ist etwa $14_{,4}$ Centim. lang. Das Gewicht beträgt 625 Gramm. Sie stammt aus Aegypten und ist bis jetzt in England zur größten Vollkommenheit gezüchtet. In den letzten Jahren ist sie in Deutschland sehr in Aufnahme gekommen, obgleich man sie bei uns selten schön findet. Der Schädel ist lang, eng zwischen den Augen, und flach an der Spitze, der gegen den Nacken etwas eckig abfallende Kopf lang, schmal und flach, der Schnabel $3_{,3}$ Cent. lang, fast grade, nur ein wenig nach unten zu geneigt, verhältnißmäßig dick und keilförmig. Der obere Theil des dem Gefieder entsprechend ge=färbten Schnabels vom Kopfe an, ist mit einem runzligen, schuppigen Fleischauswuchse bedeckt, der entweder emporsteht oder auf beiden Seiten

herüberhängt, und auf der Hälfte des Schnabels in einer Spitze endigt.
Der Auswuchs darf nicht flach anliegen, sondern muß aufgerichtet sein,
wie die Oberfläche des Blumenkohles, von etwas schwärzlicher Färbung.
Auch die Schnabelwinkel und die untere Kinnlade sind stark bewarzt.
Sein Umfang beträgt: Dicke 6,8 Millim. — 1 Centim., Breite 3,9 Centim.,
Länge 1,6 — 2,6 Centim. Dieser Auswuchs läßt sich an den Seiten
aufheben und in der Mitte, wo er eine tiefe Spalte bildet, aus=
einanderbiegen. Der Auswuchs am Auge ist groß, fleischig und reicht
bis über den Schädel. Der Augapfel muß glänzend hervortreten, die
Iris feurig roth und stets der Grundfarbe entsprechend, aber nie weiß,
und mit einem bis 6,5 Millim. breiten wohl eben so dicken warzigen
Augenkreise umgeben sein, von derselben Beschaffenheit und Farbe als
die Nasenhaut. Dieser Ring, Rose oder Gesicht genannt, hat oft
2,6 Centim. im Durchmesser; die Fläche, auf welche er fest sitzt, ist
schmaler, er wächst aber, gleich der Schnabelhaut, häufig über sie
hinaus und überragt dann die Scheitelfläche. Das Auge selbst ist
groß, rund und von gleicher Ausdehnung. Der Schnabel und der
lange unbehäubte Kopf bilden mit dem langen, dünnen Halse beinahe
einen rechten Winkel; die Schultern sind breit und treten namentlich
die Schulterknochen stark hervor, die Brust breit und voll, das Brust=
bein niedrig und flach, die Flügel sind fest angezogen, hängen vorn
ziemlich weit in die Brust herein, und die Schwingen ruhen auf dem
Schwanze. Die Füße sind lang, am Lauf nackt, an den Schenkeln
gut befiedert, die Federn dicht und geschlossen, glatt und glänzend,
hartfederig und nicht reich und voll, das Fleisch fest, die ganze Figur
von schöner Symmetrie, jedoch mehr breit wie hoch. Die Haltung ist
eine sehr aufrechte, das Temperament scheu und sehr aufmerksam. Die
alten Aegypter benutzten den Carrier zur Briefpost, wozu er sich auch
ganz gut eignet. Man hat den Carrier in blau mit gut markirten
schwarzen Strichen über Flügel und Schwanz, tiefschwarz, dunkel=
braun, chocoladenfarbig, blau oder weiß. Die gescheckten sind weniger
geschätzt, rothe und gelbe sehr selten. Die Stimme des Carriers ist
sehr tief und voll, sein Flug ziemlich schnell und ausdauernd und das
Benehmen sehr lebhaft. Scheue oder ängstliche Aufmerksamkeit ist
eine der auffallendsten Eigenthümlichkeiten der Race. Beim Füttern
drängen sie sich niemals in die Mitte anderer Racen, sondern halten
sich seitwärts. Bei der geringsten Bewegung fliehen sie zuweilen so=
fort zu ihren Sitzplätzen und kommen dadurch häufig um ihre Mahl=
zeit. Die Jungen sitzen schon bei jedem verdächtigen Geräusche mit
langgerecktem Halse und hoch erhobenem Kopfe da. Zur Unterscheidung
der Geschlechter dienen die bekannten Merkmale aller Tauben; bei der
Täubin ist die Schnabelwurzel schwächer, die Auswüchse fehlen manch=

mal gänzlich. Im Alter werden die Warzenhöcker immer dicker und bedecken die Augen zuweilen so sehr, daß das Thier kaum sehen kann. In der Zucht ist der Carrier, wie die anderen hochveredelten Tauben, in der Regel schlecht. Die Jungen bedürfen längerer Zeit als die übrigen Racen zur Erreichung völliger Größe und Mannbarkeit. Schnabelhaut und Augen= ringe erfordern mehrere Jahre, bis sie vollkommen ausgebildet sind. Die Flugkraft des Carrier ist eine enorme, er ist einer der schnellsten Flieger und unter allen Tauben mit dem schärfsten Orientirungssinn begabt. In seiner größten Vollkommenheit kommt der hochveredelte Carrier überall nur selten vor. Ein gutes Paar Carrier bezahlt man in England mit 20 £.

Bei einem großen Theile der Nachzucht des Carrier sind Kopf und Zubehör mehr oder minder mangelhaft; diese geringeren Tauben nennt man Reiter= oder Rittertauben, auch Horseman, welche bei passender Verpaarung aber immer wieder ächte Carrier züchten. Sie gleichen im Aeußern mehr oder minder der noch jetzt in Asien weit verbreiteten, ursprünglichen Stammrace, welche vor etwa zwei= hundert Jahren nach Europa zur Veredelung ausgeführt worden und die gegenwärtig im Orient kaum noch in reiner Race vorhanden ist.

4. Die kurzschnäbelige Bagdette.

(Türkische Taube.)
(Columba turcica.)

Diese Taube hat einen starken Knochenbau, hohes Brustbein, breite Brust und Rücken, ist sehr lang gestreckt und langschwingig, hat eine mittelmäßige Haltung und steht niedrig. Sie ist merklich größer als die Feldtaube, von plumpem, aber nicht eckigem Körperbau. Der Kopf ist glatt und länglich, zuweilen spitz gehäubt. Der Schnabel ist $2\frac{1}{2}$ Centimeter lang, dick, etwas gebogen und stumpf, in der Farbe dem Gefieder entsprechend, die Schnabelhaut breit, aber nicht lang. Schnabel= winkel und Ränder nebst Unterschnabel sind mit dicken und vielen Haut= warzen besetzt; die Nasenhaut aufgetrieben, grobwarzig und weiß über= pudert. Das Auge ist groß, die Iris feurig, rothgelb, die Augen= lider dickfleischig, der Augenkreis dick und 2 Centimeter im Durch= messer, in der Jugend lebhaft gefärbt. Bein und Fuß, wie bei allen Orientalischen Tauben, unbefiedert. Das Gefieder ist voll und hart, meistens schwarz oder braun, selten blau, weiß oder gelb. Sie ist ziemlich lebhaft und sehr zänkisch. Der Flug ist rasch und kräftig, die Vermehrung gut.

Von der grabschnäbeligen Bagdette unterscheidet sie hinlänglich der kürzere und dicke Hals, der kürzere und dicke Schnabel, die klei=

neren Warzenkreise um die Augen und die weniger elegante Haltung.
Die krummschnäbelige Bagdette hat einen ganz anders geformten, viel
längern Bogenschnabel und braucht es auch für den Nichtkenner keines
anderen Merkmales.

5. Die Englische Tafeltaube.

Diese Tauben kamen vor mehreren Jahren unter dem Namen
Englische Tafeltauben aus Paris. Sie haben sehr viel Aehnlichkeit
mit der Türkischen Taube, doch nicht so viele und starke Augenringe.
Die Englische Tafeltaube, wahrscheinlich ein Bastard, ist mir völlig
unbekannt, da sie aber Neumeister in der ersten und zweiten Auflage seines Werkes*) anführt und gezeichnet hat, so nehme ich keinen
Anstand, sie auch in dieser neuen Auflage mit aufzuführen.

6. Die Drachentaube.
Columba dragonica.   (Englisch: The Dragon.)

Obgleich diese Varietät des Carriers nur ein Bastard von ihm
und einem Tümmler ist, so besitzt sie doch ihre ganz eigenthümlichen
Merkmale, und da diese Varietät konstant geworden ist, und in letzterer
Zeit auf Deutschen Ausstellungen vielfach vertreten war, so dürfte es
immerhin von Interesse sein, sie etwas näher zu beschreiben.

Die Drachentaube ist von mehr als mittlerer Größe, von aufrechter, kühner und lebhafter Haltung; den Hals trägt sie ausgestreckt
und die Flügel fest an die Seite geschlossen. Ihre Haltung und Bewegungen zeigen große Muskelkraft und die Fähigkeit, schnell und
kräftig zu fliegen.

Die charakteristischen Merkmale des Kopfes sind deutlich hervortretend. Das Auge ist groß, voll und bei der blauen Varietät glänzend orangefarben, der Augenkreis klein, zart und rund; der Auswuchs am Schnabel ebenfalls klein, zart und nach dem Kopfe zu geneigt. Der Schnabel ist schwarz, spitz zulaufend, leicht gekrümmt und
hierin wesentlich von dem langen graden Schnabel des Carriers
verschieden, die Flügel sind gut entwickelt, nicht allein, was die Muskeln und den Knochenbau betrifft, sondern auch hinsichtlich der Flugfedern. In Folge des fest geschlossenen Gefieders am Halse und Körper
ragen die Flügel bis an die Brust vor und verleihen der Taube den
Ausdruck großer Festigkeit und Stärke. Gut gezeichnete blaue Drachen-

---

*) Neumeister-Prütz. Das Ganze der Taubenzucht. Mit 18 Tafeln
Abbildungen. 3. Auflage. Weimar, B. F. Voigt, 1876.

tauben werden im Allgemeinen denen anderer Färbung, als roth, gelb, schwarz oder weiß, vorgezogen. Die wundervolle, einem Kampfhahne ähnliche Haltung eines schönen blauen Drachens findet sich selten bei anderen Farben. Die rothen und gelben haben meistens einen zu breiten Kopf, und die schwarzen und die weißen oft einen fehlerhaften Auswuchs, wodurch sie das Aussehen eines gekreuzten Carrier er= langen.

7. Die Orientalische und die Europäische Brieftaube.
(Columba tabollaria persica et columba tab. europea.)

Die Brieftauben, gleichviel ob Orientalische oder Europäische, bil= den keine besondere Race, sondern sie sind durch geschickt gewählte Kreuzung verschiedener Racen, welche ehedem zu Boten auf kurzen Strecken verwendet wurden, entstanden.

Die Fähigkeit, den Weg zur Heimath zurückzufinden, ist nament= lich den Orientalischen Tauben eigen, da sie aber zu schnellen und weiten Reisen zu schwer sind, so hat man sie, um gute Reisetauben zu erzielen, mit leichteren Tauben verschiedener Racen gepaart, so nament= lich mit dem Tümmler und dem Mövchen. Hauptsächlich nahm man die Englische Bagdette und den Tümmler, und die hieraus hervor= gegangenen Jungen paarte man wiederum mit Tümmlern, woraus dann die eigentliche Brieftaube gezüchtet wurde. Daß die Belgische Brieftaube in ihren Varietäten (Antwerpener, Lütticher und Brüsseler) keiner constanten Race angehört und keinen äußeren Typus in der Familie der Tauben vertritt, dürfte den Lesern aus den verschiedenen über diesen Gegenstand bereits veröffentlichten Aufsätzen bekannt sein. Weniger bekannt ist jedoch die Geschichte ihres Ursprunges, denn ob= gleich er erst aus den zwanziger Jahren datirt, so ist es doch nicht leicht, die Elemente wieder zu erkennen, welche zur Erzeugung dieser interessanten Taubenrace, die berufen scheint, bereinst eine große Rolle zu spielen, beigetragen haben. Bei dem regen Interesse, das sich in Deutschland augenblicklich, sowohl bei den höchsten Behörden, wie bei den Liebhabern für die Brieftaubenzucht kund gibt, dürfte es nicht un= interessant sein, Näheres über den Ursprung der Belgischen Brieftaube zu erfahren. Bevor wir jedoch zu ihren einzelnen Stammältern über= gehen, dürfte es zum besseren Verständniß dienen, eine kurze Diagnose derselben zu geben, um daraus einzelne Elemente ihrer Erzeuger wieder zu erkennen.

Die Belgische Brieftaube (Columba tabellaria europea) ist von mittlerer Größe, ungefähr zwischen der Columba turtur L. und der Columba oenas L., ihre Formen sind kurz und gedrungen, die Brust

breit gewölbt, häufig mit einer Krause geziert. Das Gefieder ist dicht
und gut geordnet, hervorragend sind namentlich die langen Bärte,
welche sich an den Kielen der Flügel= und Schwanzfedern befinden. Der
Kopf, von der Seite betrachtet, ist regelmäßig convex, dieser convexe
Bogen erstreckt sich bis zur Basis des Schnabels, so daß kein Winkel,
keine Kreuzung zwischen Stirn und Nasendrüsen vorhanden ist, wie
dies bei dem Carrier deutlich hervortritt. Der Kopf ist zwischen
den Augen breit, und sind diese vorstehend, weit geöffnet und mit
einem kleinen nackten Häutchen versehen; der Schnabel ist sehr kurz,
mehr breit als lang, der Oberkiefer ist convex gewölbt, der Unter=
kiefer von ersterem vollständig bedeckt. An seiner Basis sind die War=
zen im allgemeinen vorspringend, ungefähr transversal, statt schief; wie
bei den meisten der Orientalischen Taubenracen, sind sie auf der
Mittellinie getrennt. Man findet mitunter auffallende Typen, deren
Kopf lebhaft an den des gemeinen Gimpels erinnert. Der Hals ist
gewöhnlich kurz, ziemlich stark, die Flügel sind in der Ruhelage eng
an den Leib gepreßt, die Schultern unter den Brustfedern verborgen,
der äußere Theil der Schwingen erreicht drei Viertel der Länge des
Schwanzes, häufig kreuzt er sich mit der entgegengesetzten Seite, was
sich aus der Breite der Brust ergibt; ist der Schwanz sehr gedrungen,
so decken die Federn vollständig einander. Die Füße sind nackt, kurz
und wenig entwickelt. Die Farbe des Gefieders ist sehr verschieden,
die einfachen Farben weiß, schwarz und roth sind selten, die herr=
schende ist die blaue mit schwarz gesprenkelt; ziemlich häufig mit mehr
oder minder zahlreichen Flecken sind auch die roth Gesprenkelten. Nach
Chapuis existirten vor 60 Jahren in Belgien, also zu der Zeit, wo
die Liebhaberei für Brieftauben sich zu entwickeln begann, abgesehen
von den Schlagtauben und ihren Varietäten, die nur von einigen
Liebhabern gehalten wurden, folgende 4 ziemlich verschiedene Racen:
die Feldtaube, die Antwerpener, das Mövchen und die platt=
nasige Taube.

Die Feldtauben (Wallonisch: chesturlots, Schloßtauben) sind
heute seltener, als zu der Zeit, in die wir uns zurückversetzen müssen;
man findet sie jedoch noch auf alten Schlössern und großen Gehöften,
wo sie als halbe Hausthiere leben, kaum, daß man ihnen in strengen
Wintern, in denen die Felder mit Schnee bedeckt sind, einige Nahrung
gibt. Diejenige der verschiedenen Arten Belgiens, welche sich am
meisten dem ursprünglichen wilden Typus nähert, ist die Waldtaube;
sie ist kleiner als die Brieftaube, der verlängerte Kopf ist breit zu=
sammengedrückt, der schlanke, grade Schnabel ist an der Basis von
zwei weißen, wenig entwickelten Häutchen bedeckt, die kleiner sind als
die der Columba palumbus L. Die Augen sind von intensiver Farbe,

ganz entblößt von nackten Häutchen, klein und nicht vorspringend. Die Füße sind kurz und die Gewohnheit dieser Tauben, sich immer gebückt zu halten, lassen sie noch kürzer erscheinen. Ihr Naturell ist außerordentlich wild und eine längere Gefangenschaft kann es kaum mildern, alle Bewegungen sind heftig und ihr Flug sehr rasch. Es kommt häufig vor, daß sie sich einem Fluge Brieftauben anschließt und mit ihnen in den Schlag kommt, wo der Besitzer sehr bald die Gegenwart dieses ruhelosen und wilden Fremden bemerkt, der, um zu entfliehen, sich den Kopf an den Fensterscheiben zerstößt und sie häufig, in Scherben spaltend, durchbricht.

Die Antwerpener Taube ist eine elegantere Spielart der Feldtaube, sie ist von bedeutend größerem Habitus, als unsere heutige Brieftaube und auffallend länger; ihr Schnabel ist schmal und fast grade, die Schnabeldrüsen ein wenig entwickelter, als die der Feldtaube. Ihr hauptsächlichster Unterschied besteht in der Farbe der Iris, die fast ganz weiß, oder kaum von einem engen Kreise von orangener Farbe durchzogen ist; ihre Haltung ist stolz und die Flugkraft eine ganz enorme. Eine Subspecies dieser Art, die rothhalsige Feldtaube, stammt aus Lüttich, wo sie vor 25 Jahren sehr gesucht war. Die Lütticher Liebhaber bezeichnen sie mit dem Namen „Schwalben-Taube", nicht etwa in Folge der Aehnlichkeit mit diesem Vogel, sondern ihres raschen Fluges wegen, wobei sie sich in eine bedeutende Höhe erhebt.

Das Mövchen ist den Lesern bekannt, so daß es nicht nöthig ist, eine Beschreibung desselben zu geben. Besonders gekennzeichnet ist es bekanntlich durch die gekräuselten und halsbandartigen Federn, die vom Unterkiefer des Schnabels bis mehr oder weniger nach der Brust hin sich erstrecken. Der Kopf, bemerkenswerth durch die runde Form, ist vorn durch einen kurzen aber sehr dicken Schnabel begrenzt, auf der Breitseite große, ziemlich vorstehende Augen tragend.

Die plattnasige Taube ist jetzt so selten, daß man sie fast für ausgestorben hält. Die alten Belgischen Taubenliebhaber unterscheiden große und kleine Plattnasen. Eigenthümlich dieser Race ist der schnelle Flug, die lange Gestalt, der kleine abgerundete Kopf und der an der Basis breite Schnabel, überragt von ziemlich entwickelten, flachliegenden Drüsen, eine Eigenthümlichkeit, die dieser Taube die Bezeichnung „plattnasig" verschafft hat. Die Augen sind umgeben von einer breiten, rund um dieselben laufenden matten Haut, die Iris ist sehr lebhaft und von röthlich gelber Farbe.

Das Gesammtresultat dieser verschiedenen Race-Eigenschaften hat zu der Annahme geführt, daß die Belgische Brieftaube aus einer Kreuzung des Mövchens mit der Plattnase hervorgegangen ist. Die

Gestalt ihres kurzen und gewölbten Schnabels spricht dagegen, daß die
Feldtaube und die Antwerpener Taube dazu beigetragen haben, diese
Art hervorzubringen, im Gegentheil, das Vorkommen der Krause, die
früher bei den Belgischen Brieftauben viel häufiger war als jetzt, und
die Form des Kopfes beweisen zur Genüge, daß das Mövchen der
Hauptstammvater der Belgischen Brieftaube ist. Es ist jedoch nicht
der einzige Stammvater, denn die Brieftaube, mit dem Mövchen ver-
glichen, ist von stärkerem Habitus, ihr Flug ist schneller und kräftiger,
die Schnabeldrüsen entwickelter; die Augen lebhafter und glänzender,
beinahe immer von einer fast weißlichen nackten Haut umgeben. Damit gelangt man zu dem Schlusse, der im Uebrigen auch mit der
alten Ueberlieferung stimmt, daß die Belgische Brieftaube aus einer
Kreuzung des Mövchens mit der verloren gegangenen Plattnase entstanden ist.

Die Orientalische Brieftaube hat in allen Beziehungen so
viele Aehnlichkeit mit der oben beschriebenen Englischen Bagdette, daß
eine nochmalige Beschreibung hier überflüssig erscheint, nur soviel sei
noch bemerkt, daß ihre Schnelligkeit im Fluge der der Belgischen Brieftaube lange nicht gleichkommt. Jedenfalls ist ihre Wahl als Reise-
taube durchaus nicht gerechtfertigt, da ihr jegliche Gewandtheit in kurzen
Wendungen abgeht; die größte Schnelligkeit auf 16 Stunden Entfernung ist eine Stunde Flugzeit.

Unter den Europäischen Brieftauben zeichnet sich namentlich
die Belgische Brieftaube (Columba belgica) vortheilhaft aus, und
zwar in folgenden Varietäten:

a) Die Antwerpener Brieftaube.

Sie ist ein Bastard vom Carrier mit dem Tümmler in der
zweiten oder dritten Generation und trägt, je nachdem sie mehr diesem
oder jenem nachartet, die Merkmale der einen oder anderen Race in
hervortretenderem Maße. Die erste Kreuzung, der Dragon oder die
Drachentaube, hat man in Antwerpen vorzugsweise zur Zucht der
Brieftauben verwendet und aus diesen Mischlingen hat sich nun eine
wenigstens einigermaßen feststehende Race gebildet, deren Angehörige
mehr oder minder fleischige Augenränder und dicken Nasenwulst, sowie
mehr oder weniger lange Schwingen, breite Fahnen der Schwungfedern und ein straffes, knapp anliegendes Gefieder zeigen. Zuweilen
kommen sie auch ohne Nasenwulst und ohne fleischige Augenränder vor,
verleugnen jedoch auch in diesem Falle ihre Abkunft nicht. Die Taube
hat einen langen, mit dem flachen Kopfe eine Linie bildenden Schnabel
und einen langen schmalen Hals. Die Nasenhaut ist nicht so dick wie
bei der Brüsseler Taube, die Iris ist roth, das Gefieder verschieden

gefärbt, am häufigsten blau oder hellroth; beliebt sind auch die oft sehr
bunten Schecken. Die Antwerpener Brieftaube ist ein durchaus sicherer
Flieger, welcher auch bei schwierigen Terrainverhältnissen, also in ge=
birgigen Gegenden, innerhalb großer Städte, in sumpfreichen und stark
nebeligen Landschaften und am Meeresstrande, sowie besonders für
weite Touren am zuverlässigsten sich zeigt. Nach Lenzen's Be=
hauptung bewährt sie sich am besten, wenn die Flugrichtung von Osten
nach Westen geht. Sie wird auch früh, sobald sie vollständig aus=
gewachsen ist, abgerichtet und fliegt bereits in den ersten Jahren
sehr gut.

b) Die Lütticher Brieftaube.

Die Lütticher Brieftaube ist ebenfalls keine reine Race, sondern
ein Mischling vom Mövchen mit dem Tümmler. Es ist eine kleine
Taube mit gewöhnlich unbehäubtem feinen, ausdrucksvollen Kopfe,
flacher Stirn, dem Gefieder entsprechend gefärbter Iris, voller Brust,
gebogenen Flügeln und reichem, sammetweichem Gefieder. Bei manchen
Exemplaren zeigt sich mehr oder minder deutlich das Jabot und der
Bart, seltener auch noch das Häubchen des Mövchens. Der etwas
kräftige Schnabel ist mit einer nicht zu starken Nasenhaut umgeben.
Häufig kommen auch, namentlich bei den Tauben aus Verviers noch
Glasaugen und Federfüße vor. Ihre Eigenthümlichkeiten sollen haupt=
sächlich darin beruhen, daß sie nach langer Zeit, zuweilen noch nach
Jahren, vom Heimathsgefühl getrieben, ihrem Schlage zueilt und des=
halb, meint Lenzen, wird sie für militärische Zwecke am brauchbarsten
sein, indem sie selbst bei einer langen Dauer der Belagerung immer
noch sicher heimkehren würde. In den ersten Jahren soll sie sich da=
gegen auf langen Touren nicht bewähren, und kann erst mit dem
dritten Jahre dazu verwendet werden.

c) Die Brüsseler Brieftaube.

Merklich verschieden von der Lütticher Taube ist die Brüsseler,
welche ganz den Typus der ächten Türkischen Taube an sich trägt.
Sie ist groß, kräftig, kurzhalsig, hat einen dicken Schnabel, dicke
fleischige Augenringe und starke, runzelige Nasenhaut.

Alle diese Varietäten tragen, wie schon bemerkt, keinen feststehen=
den Typus einer Race. Sie schwanken ebenso in der Gestalt und in
den angegebenen charakteristischen Merkmalen, als auch in der Färbung
des Gefieders. Einfarbige, blaue, schwarze, weiße Tauben, seltener
gelbe und rothe, am häufigsten aber bunte, meistens sehr unregelmäßig
gezeichnete und unschöne sind zuweilen die tüchtigsten Flieger. Rein
weiße, gelbe und andere helle Tauben schätzt man weniger, da sie

leichter von den Raubvögeln ergriffen werden. Die Französischen Züchter ziehen dagegen die weißen Tauben vor, weil nämlich einerseits die Buchstaben und Zeichen des Stempeldruckes oder der Depesche auf den weißen Flügelfedern deutlicher hervortreten, andererseits weil weiße Tauben sich im Fluge besser beobachten lassen, sobann auch, weil sie nicht so sehr durch den Einfluß der Sonnenstrahlen leiden sollen als schwarze oder dunkelfarbige Tauben. Ganz besonderes Gewicht legen manche Liebhaber auf die Farbe der Augen. Die Antwerpener Brief-taube zeigt oft das schöne, weißgelbe, sogenannte Perlauge; die Lütticher Race hat am häufigsten ein rothes oder auch braunes, gelbes, schwarzes (Glas) Auge. Bei den geschechten Tauben sind die beiden Augen nicht selten verschieden gefärbt. Die schwarzen, braunen und dunkeln Augen überhaupt gelten bei manchen Liebhabern als Vorzug, weil man an-nimmt, daß solche Tauben bei bewölktem Himmel und düsterem Wetter besser sehen sollen.

Vorstehende Mischlingsracen, die Antwerpener, die Lütticher und die Brüsseler Brieftaube, sind in reinen typischen Exemplaren allent-halben, selbst in Belgien, recht selten. Durch fortwährende weiter ge-führte Kreuzungen der Stammracen: Carrier, Mövchen, Tümmler und Feldtaube untereinander, sowie wiederum der beiden Mischlingsracen und aller dieser Bastarde zusammen, ist nun aber eine bunte Mannich-faltigkeit von Taubenformen entstanden, die unter dem Begriff Brief-taube zusammengefaßt, jeder näheren Beschreibung spottet.

Bei der Auswahl der zur Zucht von Brieftauben bestimmten Exemplare, gleichviel von welcher Race, ist immer auf folgende Merk-male zu achten. Bei kleinem Körperbau muß die Taube eine möglichst große Klafterweite, dichtes Gefieder und stark beschwingte Flügel, d. h. recht breite Fahnen an den Schwungfedern haben. Haupterforderniß ist möglichst hohe Muskelkraft der Flügel, so daß man dieselben nur mit Mühe emporzuheben vermag. Durch große Klafterweite, b. h. durch lange spitze Flügel erwächst der Brieftaube ein doppelter Vortheil, in-dem sie einerseits schneller zu fliegen vermag und andererseits die breite Innenfläche des Flügels für den Abbruck des Stempels und für die Depesche reichlichen Raum zeigt.

Das Wiederauffinden der Heimath bei den Brieftauben beruht lediglich auf geregelter Dressur und dem außerordentlich schar-fen Orientirungsvermögen, b. h. sich während des Fluges in der Gegend so genau zu orientiren, daß die Taube auch aus der weitesten Entfernung immerhin einen Punkt aufzufinden vermag, welcher sie leitet. Selbstverständlich ist es, daß diese Begabung einerseits von der Schärfe der Sinne abhängt, und andererseits nicht allein bei den ver-schiedenen Taubenracen, sondern auch noch bei den einzelnen einer jeden solchen je nach der individuellen Begabung außerordentlich verschieden= artig sich zeigt. Und dadurch erklärt es sich von vornherein, daß die Tauben mancher Race ungleich besser zur Abrichtung als Brieftauben sich eignen als andere, und daß wiederum selbst unter den als Brief= tauben geschätzten Arten manche Exemplare, die den vollen Typus der reinsten Race zeigen, dennoch hinter einzelnen Tauben aus minder be= fähigten Arten weit zurückbleiben.

Aus dieser Thatsache aber ergibt sich ebenso wie aus der Er= fahrung auch wiederum, daß eine sachgemäße, durchaus systema= tische Abrichtung selbst bei den begabtesten Brieftauben durchaus nothwendig ist. Daß die zärtliche Zuneigung der Paare mit ein Hauptmotiv zur Rückkehr bildet, ist ebenso zweifellos, da wie bei den Schwalben, so auch bei den Tauben der an den häus= lichen Heerd fesselnde Sinn so bewunderungswürdig ent= wickelt ist. Die natürliche Harmonie der Paare ist die wesent= liche Basis und absolut unerläßliche Bedingung zur Erziehung guter Brieftauben.

Da es nicht meine Aufgabe ist, in diesem Werke eine Beschrei= bung der Dressur der Brieftauben zu geben, so verweise ich die sich dafür interessirenden Leser auf das im Verlage von Otto Brandner in Stettin erscheinende Organ der Deutschen Brieftaubenliebhaber= Gesellschaften „Columbia", Preis pro Quartal 1 Mk. 25 Pf.

8. Die Berberei=, Cyperische= oder Indianertaube,
(Columba indica, Brm.)

von den Franzosen „Polnische Taube" genannt, ist die kleinste aller Orientalischen Tauben und wird namentlich schön in Süddeutschland gefunden. Sie ist kleiner, aber gestreckter wie die Feldtaube, steht niedrig und hat eine edle Haltung. Der Kopf ist glatt, selten ge= häubt, sehr breit und eckig, im Verhältnisse zum übrigen Körper jedoch klein und sehr markirt; der Scheitel flach mit einer Erhöhung, die Stirn niedrig, kurz, und einen Winkel mit dem $1\frac{1}{4}$ Centimeter langen und 1 Centimeter dicken, stumpfen Schnabel bildend, der hell= fleischfarbig sein muß. Die hoch oben sitzende Schnabelhaut ist 2 Cen= timeter breit und 1 Centimeter lang, in der Jugend röthlich, später weißkrustig. Das Auge ist groß, die Farbe der Iris weiß, die Augen= lider dick und von einem schönen, zuweilen bis $2\frac{1}{2}$ Centimeter im Durchmesser haltenden, fleischigen, gekräuselten, lebhaft roth gefärbten, dicken Augenringe umgeben, welcher zuweilen über den Scheitel hinaus= ragt. Zwischen dem Scheitel und der Stirn, auf jeder Seite der= selben, vom Schnabelwinkel aufsteigend, befindet sich eine tiefe Kerbe im

Gefieder, welche dem Kopfe zur besonderen Zierde gereicht. Der Schnabelwinkel und seine Ränder sind mit Warzen und Perlen, dem Augenkreise ähnlich, eingefaßt, ebenso der Unterschnabel. Schnabel-Auswuchs, Stirn, Scheitel und Nacken bilden im Profil ein Viereck. Die Schönheit des Berber wird nach dem Kopfe nebst Zubehör bestimmt. Der Hals ist kurz und oben dünn, leicht nach vorn gebeugt, die Brust breit, gespalten, die Flügel hängen lose an der Seite, die breiten Spieße lehnen an den Schwanzseiten an. Das Bein ist stark, Lauf und Füße unbefiedert, lebhaft geröthet, die Krallen weiß. Der Gang ist schnell, der Flug rasch und leicht. Das Gefieder ist voll, weich, glänzend und fest in der Farbe. Diese ist schwarz, braun, gelb, auch grau gesprenkelt, sehr selten blau, am seltensten weiß mit rosa-schillerndem Halse. Die Vermehrung ist ziemlich gut, doch scheint es fast, als entarte diese Race im kälteren Klima. Die Französische Varietät ist größer, mit dickem, breitem, kantigem Kopfe und breitem, kurzem Schnabel; der längere Hals, der lange, schlanke Körper lassen sie edler erscheinen als die theilweise gekreuzte kleinere Sächsische Race. Die Letzteren haben den Fehler, daß die Augenringe sich nicht ausbreiten, sondern mit der Zeit wulstiger werden, und die rothe Farbe verlieren, sie mögen ausfliegen oder eingesperrt bleiben. Bei der großen Französischen Race (auch Englische genannt) hingegen vergrößern sich die Augenringe von Jahr zu Jahr und bleiben bis zum höchsten Alter lebhaft roth. In Deutschland wird die Berberei-Taube in wirklich ächten Exemplaren selten gefunden. In früheren Jahren kamen sie in weiß häufig unter dem Namen Amerikans oder Möhriken in den Handel, namentlich in der Provinz Brandenburg. Jetzt scheinen sie daselbst ausgestorben zu sein. In Elberfeld, überhaupt im Bergischen hat man den Berber unter dem Namen „Türken". Woher die Benennung „Indianer" und die Französische Bezeichnung „Polnische Taube" stammt, ist nicht recht zu erklären.

9. Die Römische Taube.
(Columba romana.)

Die Römische Taube ist in den meisten Europäischen Ländern in vielen Varietäten verbreitet, am schönsten jedoch in Frankreich. Sie hat in der Gestalt und in einzelnen Köpertheilen Aehnlichkeit mit der Türkischen Taube, besitzt wie manche andere Taubenrace in einem gewissen Grade die Fähigkeit den Kropf aufzublasen, und hat, gleich der Monteaubantaube, an demselben Haarfedern (Pinselhaare). Diese Erscheinung hängt eng mit der Farbe und Fülle des Gefieders zusammen. Bei weißen, blauen, grauschwarzen Tauben mit vollem Gefieber kommt sie häufiger vor. Bei Tauben mit glänzend intensiven Farben, als schwarz, roth und gelb ist dies nicht der Fall. Daß sie, wie vielfach geglaubt wird, von einem Deutschen Kröpfer und von einer großen Orientalischen Taube abstammt, ist entschieden eine irrige Annahme. Das hohe Bein und die flachliegenden Augen erinnern an die Huhntaube. Die Länge von der Schnabelspitze bis zum Schwanzende beträgt ½ Meter, die Klafterweite 94—96 Centimeter, die Beinlänge 17½ Centimeter, Rückenbreite 12½ bis 15 Centimeter. Das Gewicht beträgt 1 Kilogramm.

Sie hat einen länglichen, glatten Kopf mit starken Wangen, gewölbtem Scheitel, mittelhohe Stirn, und einen 2½ Centimeter langen, an der Wurzel 18 Millimeter dicken, stumpfen, dem Gefieder entsprechend gefärbten Schnabel. Die Nasenhaut ist kräftig, die Iris perlfarbig; das Augenlid lebhaft roth, und ebenso die schmale, 3 Millimeter breite, aber nicht sehr dicke Augenhaut. Die Brust ist breit, das Kielbein hoch, Beine und Füße sehr stark und glatt, die Flügel lang und kräftig (worauf von jedem Kenner besonderes Gewicht gelegt wird), ebenso der Schwanz. Die langen Flügel und der lange Schwanz tragen hauptsächlich zu der Größe der Taube bei, obgleich sie im Körperbau die Französische Bagdette nicht übertrifft. Sie fliegt schwer, geräuschvoll und selten, durchnäßt kann sie sich nicht vom Boden erheben. Ihre Vermehrung ist schlecht. Man findet sie gelb, roth, grau gesprenkelt, brillant schwarz, blau oder fahl. Am seltensten sind die Weißen mit Perlaugen. Wie bei allen Racen, sind die von seltener, feiner Farbe auch schwächlicher in Körper und weniger gut entwickelt.

10. Die Monteaubantaube.

Sie gehört eigentlich nicht zu den Orientalischen Tauben, denn sie ist ausschließlich Französischen Ursprunges und stammt aus der Stadt Monteauban in Süd=Frankreich, von wo aus sie der Kögl. Sächsische Fechtmeister A. Prosche in Dresden importirte und um ihre Verbreitung in Deutschland sich großes Verdienst erwarb. Das Charakteristische an ihr ist die bedeutende Größe, welche 52½ — 55 Centimeter beträgt, Rückenbreite 12½—15 Centimeter; ein nicht weniger charakteristisches Kennzeichen ist die breite Haube, welche eine sogenannte Muschelhaube — sehr breit, flach und bis zu den Ohrlöchern reichend — sein muß. Man hat auch Monteaubans mit glatten Köpfen; diese sind jedoch wenig beliebt und ziemlich werthlos. Die Monteaubantaube steht auf kurzen, mit dünnen, kurzen Federn besetzten Beinen und glatten Zehen. Das Gefieder ist lang und stark, der Körper reich und dicht mit Federn bedeckt und nicht sehr fleischig, die Flügel trägt sie etwas

6*

schleppend. Es ist eine Parabetaube, die aber demungeachtet nicht sehr beliebt ist, da sie schwer fliegt, und sehr ungeschickt im Brüten ist, indem sie oft ihre Eier und Jungen zertritt. Man findet sie blau, schwarz, braun und auch gescheckt; in gelb sind sie sehr selten.

b) Die Spanische Taube.
(Columba hispanica.)

Eine Spanische Taube als speciellen Typus gibt es in Europa ebenso wenig wie eine Türkische, jedoch gehen in dieser Hinsicht die Ansichten der bedeutendsten Taubenkenner, wie Neumeister, Führer, Dietz, Lenzen u. A. sehr weit auseinander. Da jedoch die Delegirten des ersten Deutschen Geflügelzüchter=Tages diese Taube als besonderen Typus aufgestellt haben, so halte auch ich bis zur Klärung der Frage an dieser Ansicht fest.

Die Spanische Taube ist außerordentlich groß, breit und lang, starkknochig, hochbeinig und langhalsig, wegen der nachläßigen Haltung erscheinen diese Theile aber kürzer, der Nasenhöcker ist kräftig, etwas gerissen, der Schnabelwinkel zuweilen warzig; das Augenlid ist lebhaft roth, der nackte Augenkreis roth, schmal, gegen 4 Millimeter breit und nicht sehr dick, der Schnabel stark, lang und etwas hakenförmig gebogen, jedoch nicht so lang und kräftig wie bei der Bagdettentaube, mit der sie große Aehnlichkeit hat; der Körper ist aber schlanker, Flügel und Schwanz hingegen länger. Die ganze Länge beträgt 60 Centimeter, wovon auf den Schnabel 26 Millimeter, auf den Schwanz 21$\frac{1}{4}$ Centimeter abgehen; Flugbreite gegen 1 Meter, die längste Schwinge mißt 30 Centimeter, das Bein (Schenkel, Lauf und Mittelzehe) 21 Centimeter; Rückenbreite 15 Centimeter. Das Gewicht beträgt gegen 1 Kilogramm. Der 2$\frac{1}{2}$ Centimeter lange Schnabel ist an der Basis 20 Millimeter dick und ziemlich stumpf, das Auge liegt etwas tief, die Iris ist meist rein perlfarbig; der Kopf ist stets unbehäubt, länglich, ein sogenannter Gänsekopf, der mittelhohe Scheitel gewölbt; der Hals ist 11$\frac{1}{4}$ Centimeter lang und dick, wird aber nicht aufrecht getragen. Die Brust ist breit, das Kielbein hoch, die Füße ziemlich stark und nicht befiedert. Das Gefieder ist voll, locker, meistens einfarbig, oft schön geschuppt; der Körper wird horizontal getragen, die langen Schwingen erreichen das Schwanzende bis auf 2$\frac{1}{2}$ Centimeter. Sie geht rasch, weitspurig mit gespreizten Zehen, fliegt schwer und geräuschvoll, läßt ihre tiefe Stimme gern hören und ist lebhaft und zutraulich. Gegen andere, kleine Tauben aber ist sie zänkisch und denselben durch ihre Stärke gefährlich. In Frankreich züchtet man sie am schönsten; es gibt jedoch eine solche Menge Varietäten und Abweichungen in der Körperform, daß man kaum weiß, in welche Gruppe man sie unterzuordnen hat.

Fünfte Gruppe.
Die Huhntauben.

Sie zeichnen sich namentlich durch ihren abnorm großen Körperbau, sowie durch ihren kurzen, aufrechtstehenden, den Hühnern ähnlichen Schwanz vor allen übrigen Taubenracen aus.

Man unterscheidet folgende Varietäten:

1. Die Maltesertaube.
(Columba brevicauda.)

Sie hat die Größe eines kleinen Englischen Zwerghuhnes, einen glatten, schmalen, vorn etwas länglich zulaufenden Kopf, langen, aufrecht getragenen, gebogenen Hals, starken, runden Nacken, abgestumpften Schnabel, starke Nasenhaut, tiefe Augen, fleischige, rothe Augenlider, einen etwas hervortretenden Kropf, einen $12\frac{1}{2}$ Centimeter breiten Rücken, runde, gespaltene Brust, kleine kurze Flügel, starke, glatte rothe Füße, und einen sehr kurzen, grade in die Höhe, über die Schwungfedern der Flügel emporstehenden Schwanz, ähnlich wie beim Bastard der Pfautaube. Das hohe kräftige Bein ist $17\frac{1}{2}$ Centimeter lang und ragt ausgestreckt $2\frac{1}{2}$ Centimeter über das Schwanzende hinaus, was bei keiner anderen Taube vorkommt. Die schmalen Schwingen reichen bis 3 Centimeter vom Schwanzende. Sie trägt dieselben hoch am Körper und auf drei verschiedene Arten: über dem Schwanz gekreuzt, oder zusammenstoßend, zwischen oder unter demselben, die kurzen Spieße ganz schmal zusammengezogen. Der kurze Schwanz erscheint wie mit einer Scheere abgeschnitten. Zuweilen trägt ihn die Taube etwas ausgebreitet, zuweilen schmal zusammengezogen; gewöhnlich in einem Winkel von 45 Graden ausgestreckt, oder ganz senkrecht stehend. Der After ist wie beim Huhne dick mit Flaum besetzt. Die ganze Gestalt ist kugelig, beinahe so breit als lang und sehr hochbeinig. Die Huhntaube hat ebenfalls einen aufgestülpten Bürzel gleich der Pfautaube. Sie geht ziemlich breit und schreitet weit aus. Die Haltung, der Gang und die Bewegungen des Kopfes sind huhnartig. Sie fliegt und selbet schlecht, und ist, trotz des starken Körperbaues, etwas weichlich. Die Vermehrung ist eine gute, sie zieht mit Ausnahme der Zeit des Federwechsels, beinahe das ganze Jahr hindurch Junge auf. Das Gefieder ist bei der ächten Stammrace ein= farbig weiß, ihr am nächsten kommen dann die Einfarbigen in blau; bei den anders Gefärbten, als schwarz, braun, fahlroth mit dunklen Binden, sind die Kennzeichen abgeschwächt. Man findet sie haupt= sächlich in der Gegend um Linz.

2. Die kleine Malteser= oder Rebhuhntaube

hat die Größe eines Tümmlers und denselben Körperbau wie die Römische Taube, nur nicht so groß, einen kurzen, starken Schnabel, einen runden Kopf, einige Augenringe, langen Hals, glatte, hohe Füße, kurzen hochgetragenen Schwanz, und kurze Flügel und Schwungfedern. Ihr schönes Gefieder hat eine graue, schwarzmelirte Grundfarbe, dem Rephuhne ähnlich, woher auch wohl der Name kommt.

3. Die Florentiner= oder Piemontesertaube
(Columba brachyura, Brm.)

hat fast die Größe eines kleinen Englischen Zwerghuhnes, glatten Kopf, kurzen gedrungenen starken Körperbau, langen, schwanenartigen Hals, hohe Beine, und einen kurzen, grade in die Höhe stehenden Schwanz. Sie ist etwas schwerfällig, doch gut in der Zucht. Die Grundfarbe ist weiß, gewöhnlich mit blauem Kopfe, Halse und Brust, blauen Schil= ben und blauem Schwanze. Sie ist ein Bastard der Huhntaube. Eine sehr elegante Species der Florentiner Taube ist

3a. Die Huhnschecke.

Diese hat viel Aehnlichkeit mit der Maltesertaube, ist jedoch selten so kugelig wie diese. Der Kopf ist schmal, der wachsfarbene, etwas starke Schnabel von gewöhnlicher Länge, der Hals und die Füße sind etwas kürzer wie bei der Maltesertaube. Sie trägt den Schwanz ebenfalls hoch, jedoch weniger aufgerichtet und zählt dieser zuweilen 14 Federn. Das Bein ist an der inneren Fläche öfter mit kurzen Federn besetzt. Die Grundfarbe ist weiß, mit schwarzer, gelber, rothbrauner, meistens hellblauer Abzeichnung von sehr intensiver Färbung.

Durch Ausdauer und glücklichen Zufall ist aus der Florentinertaube die in Oesterreich so beliebte und im hohen Preise stehende schön gezeichnete

3b. Ungarische oder Hennerltaube

entstanden, die mit der Maltesertaube in Körperform viele Aehnlich= keit besitzt, sie aber an Fruchtbarkeit noch übertrifft. Die Färbung des

Gefieders ist sehr schön, das Schwarz tiefsammetartig und metall=
glänzend, das Roth und Gelb feurig und satt, das Blau klar. Die
Zeichnung ist die sogenannnte Bandzeichnung und dieser Taube eigen=
thümlich. Obgleich im Allgemeinen fest, fällt sie an Kopf, Hals und
Brust, namentlich was den Bandstreif betrifft, selten ganz rein aus.
Dieser weiße Streif zieht sich von der Schnabelwurzel an strohhalm=
breit über die Mitte des Scheitels und, immer breiter werdend, über
den Nacken und Hinterhals, bis er sich mit dem weißen Oberrücken
verbindet und in ihm aufgeht. Weiß sind ferner der Unterrücken und
Unterleib, die großen Schwungfedern und Schenkel. Gefärbt und gegen
den weißen Bandstreif scharf abschneidend, sind der Kopf und Hals zu
beiden Seiten, bis auf die Brust, gegen den Unterleib gerundet oder
oval abgeschnitten, die Flügeldecken, die Schwungfedern beider Ordnung
und der ganze Schwanz. Die lichtblau Gezeichneten hat man auch
mit schönen weißen Flügelbinden. Je reiner diese Zeichnung ist und
jemehr die Ungarische Taube im Uebrigen der Maltesertaube nahe
kommt, um so werthvoller ist sie. Sie ist eben so munter, dauerhaft,
fruchtbar und empfehlenswerth, wie die Huhnschecke. Sie kommt fast
nur in Oesterreich=Ungarn vor, steht daselbst aber in hohem Preise.

3c. Die Modeneser Haustaube.
(Italienisch: Colombi Modenesi s. Razza triganina.)

Sie ist etwas kleiner wie die Florentiner Taube und von ganz
besonderer Schönheit; in Modena, wo sie seit undenklichen Zeiten ge=
züchtet wird, kommt sie in wohl 300zähligen Varietäten vor. Der
etwas kleine Kopf ist unbehaubt, der Schnabel stets kürzer wie der
Kopf, oben von der Wurzel bis zur Spitze 16 Millim. messend; die
Spitze des Oberkiefers etwas übergebogen, die Füße sind glatt, kurz
und kräftig, 30 Millim. lang, wie der Mittelzeh; Hinterzeh 15 Millim.
lang. Die Totallänge beträgt 29 Centim., Schwanz 9 Centim., der
geschlossene Flügel 21 Centim., Klafterbreite 60 Centim., die geschlosse=
nen Schwingen erreichen nicht das Schwanzende; ein sichtbarer Theil
des Unterschenkels läßt die Taube etwas hochgestellt erscheinen. Die
Iris ist röthlich gelb. Jeder einzelne Theil ihres Körpers, Kopf,
Hals, Brust, Rücken, Unterleib, ist von zierlicher, eleganter, runder
Form; das Auftreten ist stolz und kühn; ihr Flug rasch, kräftig und
ausdauernd; ihre Fruchtbarkeit bedeutend, da sie 8—9mal im Jahre
brütet. Den kurzen 12 federigen Schwanz trägt sie weniger aufrecht
wie die Florentinertaube, auch ist der After immer mit einem dünnen
Flaume bedeckt. Die Modeneser Tauben variiren außerordentlich in
Farbe und Zeichnung, die oft brillant, oft sehr duftig sind, aber sich

auf die Nachzucht meist rein fortpflanzen. Die Grundfarbe ist blendend-weiß ,mit dunkel oder heller gefärbtem Kopfe, Schilben und Schwanze, der Hals bis zur Hälfte fein nüancirt, alle dunklen Theile sind intensiv und sammetartig gefärbt, bei den helleren Nüancen sind die Farbenübergänge harmonisch verschmolzen und die Flügel mit herrlichen gelben, rothen oder weißen, von der Grundfarbe recht abstechenden Binden geziert. Man theilt die Mobeneser Tauben in zwei große Gruppen, in Schietti, d. h. gleichmäßig einfarbige und Gazzi, d. h. elsterartig gezeichnete. Die Kopfzeichnung dieser letzteren Varietät ist eigenthümlich und stimmt fast genau mit der unserer Lachmöve — Larus ridibundus — überein, d. h. sie geht von der Stirn bis zum Scheitel und von da in schöner Curve bis zur Kehle, läßt also das Hinterhaupt und Genick frei. Bei beiden Gruppen erstreckt sich die eigentlich in Betracht kommende Zeichnung nur auf die Flügeldeckfedern, wenn auch die Schwingen und Bürzelfedern zuweilen an dieser Zeichnung und Färbung theilnehmen. Von beiden, den Schietti sowohl, wie den Gazzi gibt es zahlreiche Varietäten und Subvarietäten. Diejenigen dieser, seit über 2000 Jahren ausschließlich in Mobena kultivirten Tauben haben alle ihre bestimmten Namen, die zumeist von der eigenthümlichen Zeichnung der Tauben entlehnt sind. In Süddeutschland kommt eine ähnlich gezeichnete Varietät vor, die dort Tyroler-Huhntaube genannt wird. Auf Färbung und Farbenstellung beruht der Unterschied der Varietäten, die man noch immer durch regelrechte Kreuzungen zu vermehren und zu verschönern sucht.

Diese in Rede stehende Tauben-Race wird in Mobena zu einem ganz eigenen Spiele abgerichtet. — Schon im 17. Jahrhundert waren diese Spiele sehr beliebt, und die bezüglichen Taubenzüchter waren unter dem Namen „Triganieri"*) bekannt, wovon diese Taubenart „triganina" benannt wurde. Die Tauben werden abgerichtet, ihren Flug nach den vom Züchter vorgenommenen verschiedenen Schwingungen einer großen schwarzen Fahne zu richten. Der Züchter errichtet auf dem Hausdache neben dem Taubenkobel eine kleine Bühne, auf welcher er sich mit seiner Fahne postirt und die Tauben ausläßt. Diese mengen sich unter jene Tauben, welche von anderen Parteien ausgelassen werden, und den Schwenkungen der Fahne folgend, kehren sie nach einiger Zeit nach Hause zurück und ziehen sehr oft inmitten ihres Schwarmes eine mehr oder weniger große Anzahl fremder Tauben mit sich, die dann von den betreffenden Eigenthümern entweder einfach ausgetauscht oder ausgelöst werden, und zwar im Betrage von 1 Mobeneser Lire, die 38 Centimes entspricht. Dieses Spiel findet

---

*) Τρυγων = turtur, tortora.

nur im Winter statt, und es ist von großem Interesse zu sehen, wie in allen Richtungen der Stadt unzählige Taubenschwärme herumfliegen und genau den Schwingungen der Fahne ihrer Herren folgen. Die ersten Modeneser Haustauben gelangten im Jahre 1864 in den Besitz der Herren A. Reimer und G. Prütz in Stettin und stammten aus der Zucht des Prof. Paoli Bonizzi — Modena, der ein ausführliches nur in 100 Exemplaren gedrucktes Werk (I Colombi di Modena, con tavole etc.) über dieselben publicirte.

4. Der Monteneur.

Eine in früheren Jahren ziemlich bekannte, seit längerer Zeit jedoch sehr seltene Taube, die durch ihre riesige Größe mehr einem Huhne, denn einer Taube gleicht. Stark von Brust und Körper, mit ziemlich kurzem Schwanze versehen, zeigt sie sich im Fluge schwerfällig, während sie mit ihren unbefiederten, ziemlich hohen Beinen sich leicht auf der Erde bewegt. Der lange Hals ist beim Täuber sehr stark und der Kropf beim Rucksen und Girren ein wenig mehr aufgeblasen, wie bei gewöhnlichen Tauben. An Größe des Körpers übertrifft der Monteneur den Römer und die Mon=teauban=Taube, hat kürzere Flügel und Schwanz wie diese, und erinnert grade dadurch mehr an das Haushuhn wie an die Taube. Die Farbe ist blauschimmelig oder roth mit schwarzen Schnüren. In Norddeutschland wurde diese Taube in früheren Jahren vielfach in Greifswald, Stralsund und Colberg gezüchtet, scheint aber auch dort jetzt ausgestorben zu sein.

Die Krankheiten der Tauben.

Die Krankheiten des Federvieh's sind bei der bisher in Deutsch=
land so arg vernachlässigten Geflügelzucht in fast allen Thierheilkunden
mit Stillschweigen übergangen, und daher kommt es denn wohl auch,
daß die Züchter bei eintretender Krankheit ihres Geflügels zu Haus=
mitteln mancherlei Art greifen. Die Veranlassung zu den meisten
Krankheiten liegt allerdings in den Verhältnissen, unter denen unser
Hausgeflügel gehalten wird, denn in Folge der angewendeten künstlichen
Mittel, um Tauben oder Hühner zu züchten, entstehen häufig Uebel,
die im natürlichen Zustande nicht vorkommen. Es ist hinlänglich be=
kannt, daß alle Hausthiere einer größeren Zahl Krankheiten unterworfen
sind, als die im wilden Zustande lebenden, denn je mehr sich ein
Thier von seinem wilden Naturzustande entfernt, desto empfänglicher
wird es auch für äußere Einflüsse, durch Witterungs= und ähnliche
Umstände veranlaßt, nicht minder aber wird das Futter, das Wasser,
verändertes Klima 2c. auf sein Befinden einwirken. Wie schon be=
merkt, läßt die Thierheilkunde der Wissenschaft noch ein weites ·Feld
zur Forschung offen, und nur die äußeren Symptome bieten einiger=
maßen einen Anhalt. Die meisten sogenannten Arzneibücher haben den
Geflügelbesitzern mehr geschadet als genützt; sie geben zwar zahlreiche
und vielfach auch richtige Recepte zur Heilung dieser oder jener Krank=
heit, aber über den schwierigsten Theil, der Diagnose, d. h. über das
richtige und schnelle Erkennen der eingetretenen Krankheit und das
jeweilige Stadium derselben, lassen sie im Dunkeln.

Obgleich zwar die Tauben eine Halbfreiheit genießen und man
alle Vorsicht anwendet, sie gesund zu erhalten, so werden sie doch von
einer ganzen Reihe von Krankheiten heimgesucht, von denen häufig viele
mit dem Tode enden. Im Allgemeinen kann man jedoch annehmen,
daß Taubenkrankheiten in den gewöhnlichsten Fällen leichter zu ver=
hüten als zu heilen sind. Hält man Tauben in gut geschützten Schlägen,

wo für Lüftung, Reinlichkeit, gutes passendes Futter und reines Wasser
stets gesorgt ist, so wird man selten über Verluste zu klagen haben
und den meisten Krankheiten vorbeugen.

Die bekanntesten Taubenkrankheiten sind folgende:

1. Schlechte Verdauung.

Es gibt zweierlei Arten schlechter Verdauung und zwar rührt die
eine von der Qualität und die andere von der Quantität der ge=
nossenen Nahrungsmittel her. Bei der ersteren Art hilft die Natur
sich selbst, da die Taube, durch die Ernährungsweise der Jungen ge=
leitet, sich mit großer Leichtigkeit schlechter Substanzen entledigt, und
hat diese Indigestion dann keine üblen Folgen. Die schlechte Ver=
dauung, welche aus der Quantität der im Kropfe vorhandenen Nahrungs=
mittel hervorgeht, ist meist viel gefährlicher, und häufig, wenn man
nicht für schleunige Hilfe sorgt, sogar tödtlich. Der Grund dieser Krank=
heit besteht darin, daß die Taube nach längerer Enthaltung des Futters
soviel zu fressen erhält, als sie nur irgend mag. Sie verzehrt dann
eine solche Menge Körner, daß der Kropf stark ausgedehnt wird, und
die Magensäfte nicht mehr zur Verdauung ausreichen. Die Unbequem=
lichkeit vermehrt sich durch das Anschwellen der Körner, die Aus=
dehnung wird auf den höchsten Punkt gebracht und paralisirt die Kropf=
muskeln vollständig. Die Taube kommt nicht zum Brechen, ja mit=
unter ist es unmöglich die Nahrung mit dem Drucke des Fingers nach
oben zu bringen und in diesem Falle kann dem Patienten nur Er=
leichterung durch eine Operation verschafft werden. Diese besteht
darin, daß man die obere und die Schleimhaut des Kropfes spaltet,
und zwar an einem Punkte näher dem oberen als dem unteren Theile;
dann drückt man so vorsichtig als möglich die Nahrung heraus, und
näht die Oeffnung mit einer feinen Nadel und einem Seidenfaden
wieder zu, doch muß man beim Nähen von Innen nach Außen, also
von der Schleimhaut zur Haut stechen, vermöge welcher Vorsicht die
Heilung schneller von Statten geht. Federn dürfen sich nicht zwischen
den Rändern der Wunde befinden, da dies die Vernarbung erschwert.
Der Grund, warum der, mittelst einer scharfen Scheere zu voll=
führende Schnitt am oberen Kropfe geschieht, ist einfach der, zu ver=
hindern, daß Wasser beim Saufen über die Wunde fließt oder gar
wieder durch die feinen Oeffnungen der Naht zu Tage tritt. Ein
anderes viel einfacheres Mittel ist folgendes: Die Taube wird senk=
recht, mit den Füßen zuerst, in einen Frauenstrumpf gesteckt, welchen
man mit einem Bindfaden locker bindet, so daß die Taube nur so
weit heruntersinken kann, bis der Schwanz auftrifft. Nun läßt man

den Kopf ein wenig aus dem Strumpfe heraussehen, bindet den
Strumpf hinter dem Kopfe und Nacken der Taube so zusammen, daß
der Strumpf an den Hals, ohne zu drücken, anschließt und schiebt das
im Kropfe befindliche Futter mit der Hand leise nach der Kehle der
Taube in die Höhe, um damit zu bezwecken, den mit Futter über=
ladenen Kropf durch den Strumpf so fest zu halten, daß der Kropf
nicht nach dem Brustknochen herunterhängt und sämmtliches im Kropfe
befindliches Futter nach und nach bequem in die Speiseröhre geht.
Hierauf wird der Strumpf mit Inhalt senkrecht an die Wand an
einen Nagel gehangen, das Gesicht der Taube nach vorn. Man muß
nun der Taube mehrmals Wasser geben, sie in vorbezeichnete Stellung
aber zurückbringen. In ca. 15 bis 20 Stunden ist das Thier
genesen.

2. Der Aussatz.

Bekanntlich werden die jungen Tauben während der 5 oder 6
ersten Tage nach dem Ausschlüpfen von den Alten mit einer Art
gelblichem Brei gefüttert. Schon vor dem Ausschlüpfen aus den Eiern
dehnen die Schleimdrüsen, welche die innere Seite des Kropfes be=
kleiden, sich aus, schwellen an und sondern in Ueberfluß diese Flüssig=
keit ab. Wenn nun aus irgend einem Grunde die Alten ihre Jungen
nicht füttern können, so wird diese Absonderung nicht benutzt und bleibt
im Kropfe zurück; sie häuft sich an, verdichtet und verhärtet sich bis
zu dem Punkte, daß man sie durch Berühren fühlen kann. Es ist
leicht begreiflich, daß dieses concrete Product die Verdauung des Fut=
ters erschwert und die Absonderung der Magensäfte verhindert. Man
kann diesen Zustand mit dem Ausdrucke „verschlagene Milch" bezeichnen.
Die Taube bleibt unbeweglich, die Kehle ist geschwollen, sie frißt
nicht, die Federn sträuben sich und das Thier kommt endlich um. Auf=
merksame Beobachter behaupten, daß sich im Verlaufe der Krankheit
über den ganzen Körper ein Ausschlag entwickelt, theils äußerlich,
theils innerlich, der unmittelbar den Untergang der Taube herbeiführt.

Ich selbst habe diesen Ausschlag niemals beobachtet, ihn aber oft
bestätigen gehört, und häufig beschrieben gefunden. Daß er sich im
Laufe der Krankheit bilden kann, ist nicht zu bezweifeln, bei größeren
Thieren unter ähnlichen Bedingungen ist die Erscheinung hinlänglich
constatirt. Solche Anhäufungen sind aber sehr oft auch bei Entzün=
dungen anderer Art zu finden, namentlich bei der Gicht, und wir
werden bei deren Beschreibung sehen, unter welchen Umständen sie sich
entwickeln. Wie dem nun auch sei, es steht fest, daß die Taube durch
das nicht Ernähren ihrer Jungen krank wird, und an dieser Krankheit

sterben kann; ihr vorzubeugen, ist viel leichter, als sie zu heilen, denn in der Regel rührt sie von einer Unaufmerksamkeit oder Nachlässigkeit des Züchters selbst her. Ich möchte daher allen Liebhabern edler Race=tauben empfehlen, sich den Tag des Eierlegens genau zu notiren, um darnach die Geburt der Jungen zu bestimmen. Am Abend vor dem Auskriechen prüfe man dann die Eier vorsichtig; wenn die Jungen ge=bildet und lebend sind, so beginnt die Schaale sich zu spalten, und in diesem Falle lasse man der Natur ihr Recht. Wenn man aber nichts von dieser Spaltung bemerkt, und, indem man das Ei schüttelt, eine Flüssigkeit darin bemerkt, so sind die Jungen nicht gebildet, und muß man in diesem Falle, um der Krankheit vorzubeugen, dafür Sorge tragen, den Alten ein fremdes Junge zu geben. Man nimmt dazu ein ganz kleines von einem anderen Paare, höchstens 1 Paar Tage alt, und legt es mit Eintritt der Dunkelheit, wenn das Weibchen mit dem Brüten beschäftigt ist, zu den Eiern. Indem man genau diese Methode befolgt, ist alle Wahrscheinlichkeit vorhanden, daß die Alten das fremde Junge adoptiren werden. Um die Brüterin so wenig wie möglich zu stören, und ihr die vorgegangene Veränderung nicht gleich merken zu lassen, läßt man je nach Umständen die Eier noch 1 oder 2 Tage liegen, nachher kann man sie ohne Gefahr entfernen. Es kann sich aber auch zufällig treffen, daß man grade kein dis=ponibles passendes Junge hat, oder daß es die Alten nicht annehmen wollen, oder endlich, daß sie mit dem Brüten aufhören, weil die Zeit des Auskriechens vorbei ist. In solchem Falle entfernt man das alte Paar, und sperrt es besonders in einen Verschlag. Während der ersten 24 Stunden gebe man ihnen keine Nahrung, sondern nur frisches Wasser, und am nächsten Tage kann man den Täuber, wenn er gesund scheint, wieder frei in den Schlag lassen, die Taube dagegen behalte man noch einen Tag abgesperrt und gebe ihr nur wenig Weizenfutter. Wenn sie nach 2 oder 3 Tagen munter erscheint, gebe man ihr die Freiheit und dem Täuber wieder. Im entgegengesetzten Falle, d. h. wenn sie ihre Munterkeit verloren und die Nahrung verschmäht, ist dies ein Zeichen, daß sie von der Krankheit befallen ist, und ist es dann noch Zeit dieselbe im Keime zu ersticken. Man entziehe dem Patienten alle Nahrung, und gebe sofort ein leichtes Purgirmittel, sei es durch ein wenig Olivenoel oder durch 2 Pillen Rhabarberpulver. Da man die Tauben leicht dazu bringt, solche Pillen zu verschlucken, und man sie ohne nachtheilige Folgen geben kann, so muß man deren immer bei der Hand haben. Nachfolgend ihre Zusammenstellung: Man reibe ein Stück Rhabarberwurzel, mische dieses Pulver mit etwas Brodkrume und Gummiwasser, knete Alles gehörig untereinander, und mache aus diesem Teige Pillen in Erbsengröße. Solche Pillen sollte

jeder gewissenhafte Züchter auf seinem Taubenschlage haben, da sie in
sehr vielen Fällen von vorzüglicher Wirkung sind.

Scheitern diese Mittel und bleibt die Taube traurig, so muß man
ihren Kropf befühlen; bemerkt man darin trockene Klümpchen, unver=
baute Nahrungsmittel, so bleibt noch eine Hülfe, die Operation, wie
wir sie bei der Beschreibung der schlechten Verdauung geschildert haben.
Wenn man den Kropf dann entleert und gut gereinigt hat, so wasche
man die Schleimhaut mit einer ganz dünnen Lösung Alaun, um die
Störungen und Entzündungen zu verhindern, von denen die Ab=
sonderungsdrüsen der Sitz sind.

8. Die gelbe Mundfäule, der Chanker, gelbe Knöpschen, Rotz, Schnörgel.

Da diese Krankheit eine der gefährlichsten ist, und am häufigsten
vorkommt, die Ansichten der Liebhaber und Forscher jedoch über ihren
Ursprung und ihre Heilung sehr verschieden sind, so lassen wir in
Nachstehendem verschiedene Beschreibungen dieser Seuche folgen, und wird
der aufmerksame Züchter daraus sehr bald diejenige Methode zur Heilung
des Uebels zu finden wissen, die ihm eintretenden Falls am geeignetsten
erscheint. Dr. Fr. Chapuis sagt in seinem Werke „Le pigeon
voyageur belge": „Diese Krankheit, welche von mehreren Forschern,
die sich mit den Krankheiten der Tauben, Hühner und Volierenvögel
beschäftigt haben, beschrieben und von ihnen Chanker genannt wird, ist
sehr alt. Die Bezeichnung Chanker scheint mir geändert werden zu
müssen, erstens weil sie zu undelicat ist, und zweitens weil sie auf so
verschiedene krankhafte Zustände, sowohl in der Pflanzen=Pathologie, wie
in der Pathologie der Menschen und Thiere, angewendet wird, daß
man nicht mehr den Sinn kennt, welchen man an dieses Wort zu
knüpfen hat oder vielmehr, weil das Wort Chanker im Allgemeinen
eine Krankheit schlechter Art bedeutet, die in der Ornithologie in die=
sem Sinne nie vorkommt. Im vorgerückteren Stadium der Krank=
heit zeigen sich auf den Schleimhäuten des Schnabels und des Mun=
des einzelne gelbe Auswüchse, die sehr schnell wachsen, sich an ihren
Rändern berühren, und die damit enden, daß sie einen hervorragenden
Fleck auf jeder Seite am Vereinigungspunkte des Schnabels bilden.
Zu gleicher Zeit fließt beständig ein übelriechender dickflüssiger Eiter,
der mit gelben Flocken vermischt ist, aus dem Schnabel und beschmutzt
die Kehlfedern. Oeffnet man den Schnabel, so sieht man, soweit das
Auge dringen kann, daß der ganze Schlund mit diesen Producten be=
kleidet ist; sie existiren im Kropfe und mehr oder weniger auch in den
Eingeweiden, und sind mitunter so zahlreich, daß sie sich loslösen, in

Gestalt von mehr oder minder harten kleinen Kugelgebilden die Einge=
weide passiren und mit den Excrementen abgesondert werden. Es ist
leicht begreiflich, daß die Taube den Folgen eines solchen Zustandes
nicht lange widersteht, die Verdauung fehlt ganz, das Uebel vermehrt
sich mit der zunehmenden Schwäche, und sie muß umkommen. Das
charakteristische Symptom dieser Krankheit, diese Art gelbes Gewächs,
ist nicht immer sichtbar, es kann sich auch innerlich entwickeln und den
Tod der Taube zur Folge haben, und zwar so schnell, daß man nicht
Gelegenheit hat, die Erscheinung im Innern des Schnabels zu be=
merken. Viele Forscher halten diese Krankheit für ansteckend und
Boitard und Corbié finden ihre Ursache in einer unvollständigen
oder in einer falschen Mauser. Diese beiden Annahmen erscheinen be=
streitbar. Was die letztere betrifft, so scheinen mir die unvollständige
Mauser sowohl, als auch die falsche Mauser mehr ein Resultat der
Krankheit zu sein; denn da das Uebel so gefährlich ist, um den Tod
des Thieres herbeizuführen, so ist es ja auch natürlich, daß alle Func=
tionen, und unter anderen auch die Mauser aufgehalten oder aufgehoben
werden. Daß die Entwickelung der Krankheit häufiger während der
Zeit der Mauser stattfindet, erklärt sich durch die Schwäche, in welcher
sich die Taube grade zu dieser Zeit befindet. Die wirkliche Ursache
der gelben Mundfäule ist nicht leicht zu erkennen. Ich bin sehr ge=
neigt, sie als das Resultat schlechter Gesundheitsverfassung zu betrach=
ten, besonders von einer schlechten Nahrung herrührend, denn die
Krankheit ist selten in gut gehaltenen Schlägen, wo das Salz nie
fehlt, und wo eine gute wechselnde Nahrung mit Maß und Regel=
mäßigkeit gewährt wird. Wenn man der Mundfäule diese Ursache bei=
legt, wird man nicht erstaunt sein, sie sich gleichzeitig auf mehrere
Individuen entwickeln zu sehen, denn wenn das Uebel von einer schlech=
ten Nahrung herrührt, müssen alle Tauben, die ein und derselben
Wartung unterworfen sind, mehr oder minder ihre schädlichen Wirkungen
fühlen. Noch mehr, Alte, welche von der gelben Mundfäule befallen
werden, theilen sie in kurzer Zeit ihren Jungen mit. Diese voll=
kommen bestätigten Thatsachen rufen natürlich den Glauben hervor,
die Krankheit sei ansteckend. Dieser Beweis ist jedoch nicht entschei=
dend; um ihm die Eigenschaft der Gewißheit zu geben, müßte man
eine von der Mundfäule befallene Taube in einen andern Schlag
bringen, dessen Bewohner ganz gesund wären. Diese so leicht zu
machende Beobachtung ist bisher noch nicht versucht worden. Woher
nun auch die Ursache und die Ansteckung der gelben Mundfäule rühren,
sehen wir, was man dagegen thun muß, um sie zu heilen. Wenn die
gelblichen Auswüchse sich im Schnabel und im Schlunde zeigen, so
muß man sie mit einem kleinen, mit etwas Leinwand bewickelten Holz=

stiele beseitigen, und über alle wunden Theile mit einem in einer
starken Essig= oder Alaun=, oder noch besser Höllensteinlösung getränkten
Pinsel hinwegfahren. Für die Theile, welche dem Auge unzugänglich
sind, wie der Schlund, muß man eine Flügel= oder Schwanzfeder an=
wenden, die man in die eine oder die andere Lösung taucht, sie ent=
schlossen in den Mund hineinschiebt und ihr eine rotirende Bewegung
gibt. Indem man dieselbe Operation mehrere Tage hintereinander
wiederholt, werden diese Auswüchse zu erscheinen aufhören. Unglück=
licherweise sitzt in den meisten Fällen das Uebel aber tiefer, und man
kann es vermöge dieser Procedur nicht erreichen. Dann ist es gut,
den Patienten zu purgiren, sei es, daß man ihm 2 oder 3 Rhabarber=
pillen gibt, sei es, daß man einen Theelöffel Englisch Salz in einem
Löffel Wasser auflöst, und in das Trinkgefäß gießt; nach 3 oder 4
Stunden haben alle Kranken davon getrunken, und man kann ihnen
wieder reines Wasser geben. Diese leichte Purgation wird am anderen
Tage wieder vorgenommen. Als Nahrung gebe man ihnen die Hälfte
ihrer gewöhnlichen Ration einer guten Qualität Wicken und einige
Händevoll Rübsen. Wenn ihnen gewöhnliches Salz fehlt, so beeile
man sich, es ihnen zu verabreichen, etwas Grünes, frisch und klein ge=
hackt, wie Zeisigkraut, Nesseln, Salat und besonders Sauerampfer,
wird die Behandlung vollenden. Befinden sich nur 2 oder 3 Tauben
krank, so wird es gut sein, sie aus dem Schlage zu entfernen, und sie
abgesondert dieser Behandlung zu unterziehen. Aus Klugheit jedoch
treffe man einige Vorsichtsmaßregeln den anderen Tauben gegenüber,
und forsche nach der Ursache, welche die Krankheit hat entwickeln
können." — Soweit Chapuis.

In der „Dresdener Geflügelzeitung", befindet sich folgender auf
diese Krankheit bezügliche Artikel:

„Es ist in diesen Blättern wiederholt die Aufforderung ergangen,
über das Wesen der sogenannten „Schnarche=Krankheit" der Tauben
Mittheilungen zu veröffentlichen, und die Mittel anzugeben, wodurch
die verheerende Krankheit mit Erfolg bekämpft werden könnte.

Ich stellte in Folge dessen aufmerksame Beobachtungen und Unter=
suchungen an, und will nun die dadurch gewonnenen Resultate hier
mittheilen.

Wiederholt brach diese verheerende Krankheit unter meinen Tau=
ben aus, und hatte ich namentlich in diesem Jahre große Verluste an
Jungen, besonders im Hochsommer. Die Krankheit ergriff die Jungen
zumeist erst, wenn sie bereits selbst das Futter nahmen und schon aus=
geflogen waren. Die Wahrnehmung brachte mich auf den Gedanken,
daß die Ursache im Futter liegen könnte. Ich hatte lange Zeit blos
Wicken gefüttert, und versuchte nun gemischtes Futter, gab unter die

Wicken Gerste und Weizen. Es schien, als ob die Krankheit an Bös=
artigkeit verlieren wollte, doch kam sie immer wieder zum Vorschein.
Ich gab dann blos früh Wicken und Nachmittags Gerste, der Erfolg
war kein durchgreifender; es erkrankten doch noch mehr oder weniger
Thiere, besonders jene, die ich aus der Ferne erhielt; es blieben davon
auch die Alten nicht verschont, ein Theil starb, ein anderer genas;
allein die Jungen davon erkrankten fast ohne Ausnahme an derselben
Krankheit und starben. — Da ich durch dieses Verfahren keinen ge=
hofften Erfolg erzielte, schlug ich einen anderen Weg ein; ich separirte
die Kranken sogleich, wenn sich Husten einstellte, ätzte die Häute im
Schnabel und Schlunde mit Höllenstein weg und sah durch diese
Methode wenigstens bei Beginn der Epidemie einige genesen. Dem
ungeachtet griff die Krankheit immer mehr und rascher um sich, je
heißer der Sommer wurde, wo dann fast alle Erkrankten auch starben.
Diese Erfahrungen hatte ich Jahre hindurch gemacht, und bei aller
Aufmerksamkeit so zu sagen Nichts erreicht. Ich nahm mir endlich die
Mühe, eine größere Anzahl der an dieser Krankheit gestorbenen Thiere
zu seciren.

Ich fand auf der Schleimhaut des Schnabels und des Schlundes
gelbliches Exsudat, welches größtentheils zu Häuten organisirt war und
in Fetzen abgezogen werden konnte. Die Schleimhaut der Luftwege,
des Kehlkopfes, der Luftröhre und deren Verästelungen, waren katar=
rhalisch erkrankt, ebenso auch die der Verdauungsorgane, nur im er=
höhten Grade; die Schleimhaut zeigte sich bedeutend geschwollen, auf=
gelockert, verdickt, geröthet und dicht mit Schleim bedeckt. Im Mast=
darm war die Erkrankung am heftigsten, denn die Schleimhaut war
zerfallen, wie macerirt, und mit Eiter zu einem dicken Brei vermengt.
Bei Einzelnen hatten sich im Zellengewebe, welches den After umhüllt,
ziemlich umfangreiche Abscesse gebildet, die eingedickten Eiter enthielten.
Dabei waren die Thiere außerordentlich abgemagert.

In mehreren Leichen bemerkte ich im Kehlkopfe und der Luft=
röhre, in den Lungen und am Eingange des Magens dunkle grau=
röthliche Punkte und Flecke, die auf der Schleimhaut ziemlich fest auf=
lagen und die Größe eines Hirse= bis Hanfkornes hatten. Ich nahm
diese Flecken unter eine scharfe Lupe und fand deutlich ausgeprägte
Schimmelbildung. Die einzelnen Pilze ließen sich genau unter=
scheiden und auch deren Gruppirung. Dies war der Befund mit der
alleinigen Ausnahme, daß nicht in allen Thierleichen die Schimmel=
bildung nachgewiesen werden konnte.

Es drängt sich nun die Frage auf: Wie und wodurch sind
denn diese vorgefundenen krankhaften Erscheinungen hervorgerufen
worden?

Ich will versuchen, die Erklärung hierauf zu geben. Bekanntlich müssen alle Hülsenfrüchte eine Art Nothreise theilweise durchmachen, weil die Schoten sich ungleich entwickeln, so daß ein Theil derselben bereits vollkommen ausgebildet ist, während der andere, kleinere Theil in der Entwickelung zurückgeblieben. Die ganz ausgebildeten reifen naturgemäß auch früher, und müssen geerndtet werden, ehe noch die Schoten aufspringen und die Körner herausrollen; dadurch kommen mit den reifen Körnern auch unreife in die Scheuer. Diese letzteren schrumpfen, wenn sie trocken liegen, zusammen und sehen runzlich aus. Wird jedoch dieses Austrocknen durch eine oder die andere Ursache gestört oder verhindert, so setzen sich an diesen weichen Körnern Schimmelpilze an. Da eine Ausscheidung der schlechten Wicken von den guten nicht wohl möglich ist, werden sie mit den reifen vermengt auf den Markt gebracht. Bei der raschen Vermehrung dieser Schimmelpilze — auch S p o r e n genannt — bei feuchter Luft und in feuchten Räumen setzen sich die Pilze nach und nach auch an den ausgereiften Körnern fest und verderben das ganze Futter. Hat man nun die kranken Körner nicht gleich bemerkt und füttert die Tauben damit, so erkranken sie. Dies hat wohl jeder Züchter schon erfahren. Ich will versuchen, hier die Entwickelung zu erklären.

Das kranke Korn kommt zunächst mit der Schleimhaut des Schnabels und Schlundes in Berührung, wodurch leicht einige Schimmelpilze abgestreift werden, die sich auf der Schleimhaut festsetzen und rasch vermehren. Die nächste Wirkung ist jedenfalls eine Reizung der Schleimhaut, wie sie durch fremde Körper mehr oder weniger an lebenden Organismen hervorgebracht wird; es tritt C a t a r r h d e r S c h l e i m h a u t ein, nämlich: Anschwellung und Auflockerung mit vermehrter Schleimsecretion. Natürlich entwickelt sich der Catarrh zuerst auf der Nasen-Schleimhaut und jener des Kehlkopfes und der Luftröhre, ergreift dann die Lungen — die Thiere husten und schnarchen. — Zugleich fast wird die Schleimhaut des Schlundes und der Gedärme krank, es tritt „D i a r r h o e" ein. Dabei bleibt jedoch der Krankheitsproceß nicht stehen, denn die Pilze vermehren sich außerordentlich rasch, dringen bis in die Lungen und in den Verdauungscanal, wo ich sie bei der Section fand; es werden dann E x s u d a t e auf den Schleimhäuten abgelagert, vornehmlich im Schnabel, Schlunde und Darm; die Schleimhaut wird stellenweise macerirt, es bilden sich Geschwüre und Abscesse im Mastdarme. Alsdann treten auch bei diesem Krankheitsprocesse Fiebererscheinungen ein, die Thiere werden traurig, bauschen sich auf, verkriechen sich gern in die Winkel des Schlages und setzen sich meist mehrere nahe aneinander. Die Füße fühlen sich kalt an, die Thiere sind sehr matt und hinfällig, baumeln und schütteln sich oft — es friert sie, — die anfängliche Freßlust nimmt ab, der Durst hingegen vermehrt sich, die Kranken trinken oft und suchen gierig das Wasser auf; der Athem wird kurz und schwer, mitunter schnarchend, die ausgeathmete Luft ist heiß, dabei die Ab= magerung groß — das Hitzestadium ist eingetreten. Bei abwech= selnder Kälte und Hitze schwinden die Kräfte immer mehr, während die Diarrhoe zunimmt und das Thier endlich stirbt.

Es ist gewiß, daß die Krankheit nicht immer genau diesen Ver= lauf nimmt; denn manche Thiere tödtet sie in wenigen Tagen, andere erst nach Wochen, je nachdem die Vergiftung des Blutes eine größere oder geringere ist.

Durch das Zusammenleben der Thiere unter gleichen Ver= hältnissen — Schlag, Futter und Wartung — nimmt die Krank= heit, wenn sie einmal ausgebrochen, rasch überhand, sie ergreift fast alle Tauben, meist aber die zartesten und feinsten Racen zuerst — sie wird epidemisch. — Die Erklärung dieser Wahrnehmung ist nicht schwer zu geben, denn von den Exsudaten am Schnabel, Schlunde und Luftröhre werden theils durch das Ausathmen, Husten und Schleudern mit dem Kopfe Theilchen losgerissen, der Luft mitgetheilt und auch von den Gesunden eingeathmet, die Pilze setzen sich am Halse und den Luft= wegen fest, die zweite Taube erkrankt an der gleichen Krankheit wie die erste. — Es haben in der Regel die Thiere auch gemeinschaft= liches Trinkwasser, welches von den Kranken verunreinigt und zu einem Ansteckungsheerde wird. Bei den meisten Liebhabern ist es ferner üblich, die Tauben im Schlage zu füttern; dadurch wird ein Theil des Futters, mit den Excrementen der Kranken verunreinigt, zum Träger des Ansteckungsstoffes. Auf diese Weise entsteht eine Epidemie im Taubenschlage. — Wenn nun aus solchen Schlägen Thiere abge= geben werden und diese bereits angesteckt oder krank sind, so bringen sie die Krankheit auch in andere Schläge, wo sie sich auf gleiche Weise und oft rasch ausbreitet und festsetzt. Besonders leicht geschieht dies im heißen Sommer, weil die Wärme der Entwickelung und Ver= mehrung der Sporen sehr günstig ist. So ist es erklärlich, daß die Krankheit endlich einen epidemischen Charakter annimmt, und so ist es auch gekommen, daß sie sich fast über ganz Deutschland aus= gebreitet hat.

Faßt man nun alle Erscheinungen dieser Krankheit sowohl an Leichen als an Lebenden, ihre Entstehung, ihre Entwickelung und Aus= breitung in's Auge, so haben wir hier eine ganz große Gruppe von Symptomen, wie wir sie bei der Diphterie der Menschen finden, die nach den neuesten Forschungen auch durch Sporenbildung entsteht und sich nicht selten bis zur Epidemie steigert. In Berücksichtigung

7*

aller dieser angeführten Wahrnehmungen muß man die sogenannte Schnarche richtiger als Diphterie bezeichnen.

So wichtig nun die Classification der Krankheit erscheint, ebenso nothwendig ist die erfolgreiche Behandlung derselben. Die Behandlung zerfällt in zwei Theile.

a) die Vorbauungscur,
b) die Anwendung von Arzneien.

Ad a. Vor Allem ist die ganze Aufmerksamkeit auf die Schädlichkeiten zu lenken, welche die Krankheiten erzeugen. In erster Reihe ist das Futter zu berücksichtigen; es muß aus vollkommen gereisten Körnern bestehen. Da aber solches Futter schwer vom Händler zu bekommen ist, erscheint es zweckmäßig und sicherer, ein Futter zu wählen, welches gleichmäßig reift und selten oder nie vom Schimmel verdorben wird, wie Gerste, Weizen, Kukuruz. Dagegen sind Wicken und Erbsen aus den angeführten Gründen gänzlich zu beseitigen und nicht als Futter zu verwenden. Der Einwurf, daß die Tauben bei dem anempfohlenen Futter nur wenige Junge aufbringen, weil die Gerste namentlich spitzige Enden besitzt und die Alten damit schlecht füttern können, ist durch die Erfahrung schon längst widerlegt; die Thiere gewöhnen sich an die Gerste sehr bald, ziehen damit auch die Jungen auf und diese bleiben gesund. Davon habe ich mich schon selbst und auch andere Züchter und Liebhaber sich überzeugt. Mischt man unter die Gerste etwas gesunden Weizen, oder noch besser Kukuruz, so werden die Thiere bei diesem Futter noch besser gedeihen. Dabei muß selbstverständlich das Trinkwasser stets rein gehalten werden, am besten durch Ueberdeckung, so daß die Tauben nur seitwärts den Zugang haben. Nicht minder muß der Schlag oft gereinigt und mit trockenem Sande bestreut werden. Wenn die Feldtauben nur selten oder nie von dieser Krankheit befallen werden, so liegt der Grund darin, daß diese Tauben vielartiges Futter finden, nur die gesunden Körner aufpicken und sich mehr Bewegung machen, daß das Futter nicht mit den Excrementen der Thiere verunreinigt ist, und sie höchst selten gemeinschaftliches Wasser haben, da sie meistentheils fließendes Wasser trinken. Wenn jedoch trotz der angerathenen Vorsicht die Krankheit sich zeigt, wenn die Tauben husten, darf es nie unterlassen werden, sogleich die Erkrankten auszumitteln und abzusondern.

Ad b. Bemerkt man bei der Untersuchung solcher Thiere, daß die Schleimhaut des Schnabels geröthet und aufgelockert ist, oder sich bereits Exsudat vorfindet, so bestreiche man die kranken Schleimhautpartien mit Höllenstein, und zerstöre damit das Exsudat, in dem sich die Sporen festsetzen. Nach ein oder zwei Tagen fällt der so gebildete Schorf ab, und mit ihm die todten Sporen. Wiederholt sich dieser

Krankheitsproceß, so muß auch das Bestreichen wiederholt werden, und dies so lange, bis die Schleimhaut wieder normal aussieht. Nimmt trotz dieser energischen Behandlung die Krankheit nicht ab, trifft die Ausbreitung derselben auch den Darmcanal, stellt sich Diarrhoe ein, dann setze man dem Trinkwasser Alaun zu, etwa eine Messerspitze voll in ein Maß Wasser.

Von Nutzen wird es auch sein, in den Schlag etwas trockenen Chlorkalk in einer Schale und wohl versichert zu stellen; die Chlor= dämpfe entwickeln sich auf diese Art nur langsam und reinigen die Luft durch Zerstörung der Sporen.

Soll endlich diese verheerende Krankheit aus den Schlägen ver= schwinden, so müssen alle Liebhaber in gleicher Weise vorgehen, ihr Haupt=Augenmerk auf die Vorbauungscur richten, und kein Thier aus der Hand geben, das nicht vollkommen frei von der Krankheit ist. So nur kann der Verbreitung der Krankheit gesteuert, und die sporadisch (vereinzelt) auftretende mit besserem Erfolg bekämpft werden. —

Herr L. Martin in Stuttgart veröffentlicht in der „Gefiederten Welt"*) Jahrgang 1873 Nr. 21 und 22 Folgendes: Die Ent= zündung und Eiterung der Schleimhäute bei Hühnern, Tauben und anderen Vögeln, auch Mundfäule oder gelber Knopf genannt, deren Verhütung und Heilung.

„Je mehr die Hühner= und Taubenzüchtung sowie die anderer Vögel sich ausbreitet und immer zahlreichere Freunde gewinnt, desto häufiger tritt auch die oben genannte Krankheitsform bei diesen Vögeln auf, die unter Umständen sehr niederschlagend für einzelne Besitzer werden und für das große Ganze gleichfalls nicht ohne Einfluß bleiben kann. Dieses erwägend, komme ich um so lieber der freundlichen Auf= forderung des Herrn Redacteurs nach, meine Untersuchungen und Er= fahrungen über die gedachte Krankheit hier zu veröffentlichen, als mein Beruf und meine Neigung mich in vielseitigen Verkehr mit derselben haben treten lassen und deren Heilung auch in den meisten Fällen ge= glückt ist. Da ich aber nicht Arzt, sondern nur Naturhistoriker von Fach bin, so darf eine medicinische Diagnose (Beschreibung) derselben nicht erwartet werden, vielmehr will ich mich bemühen, den ganzen Krankheitsverlauf in möglichster Einfachheit zu schildern und glaube so auch am besten verstanden zu werden.

Die Krankheitserscheinung ist in Kürze folgende: die Ent= stehung geht anscheinend langsam vor sich und wird erst bemerkbar,

---

*) Die Gefiederte Welt. Zeitschrift für Vogelliebhaber, =Züchter und =Händler. Herausgegeben von Dr. Karl Ruß. (Berlin, Louis Gerschel). Wöchentlich eine Nummer. Preis vierteljährlich 3 ℳ

wenn faden= oder rotz=artiges Gerinnsel in der Nasenhöhle sich zeigt, welches die Mundwinkel unsauber erscheinen läßt. Häufig, aber nicht immer, wird auch die Nasenhöhle mit davon befallen, wodurch ein schnupfenartiger Ausfluß der Nasenlöcher und häufiges Niesen erfolgt.

Im zweiten Stadium dieser Krankheit bilden sich anfänglich kästge Bereiterungen, welche zuerst noch weich, sich leicht entfernen lassen, wodurch die Krankheit aber nicht gehoben ist, wenn nicht dabei durch andere Mittel eingegriffen wird. Gewöhnlich werden die Mundwinkel zuerst davon befallen, worauf sich aber im Verlauf der Krankheit, auch etwas abwärts in der Speiseröhre, harte gelbe Geschwüre bilden, die derselben den Namen gelber Knopf verliehen haben. Die davon befallenen Thiere sind anscheinend noch ganz gesund und fortpflanzungs= fähig, stecken aber regelmäßig ihre Jungen damit an, so daß diese gewöhnlich bald oder nach einigen Wochen daran sterben. Als deutlich erkennbares Zeichen dieses Stadiums tritt ein leises Röcheln auf, wo= zu sich ein häufiges Husten gesellt, um die Geschwüre auszustoßen. Im noch weiteren Verlaufe wird auch der Magen angegriffen, was unter Abnahme der Freßlust zuletzt mit dem Tode endigt.

Im dritten Stadium der Krankheit werden auch die Schleim= häute der Augen davon befallen und bilden sich kleine Geschwüre, deren Zahl immer schneller zunimmt, welche in kurzer Zeit die Augen voll= ständig überwuchern und somit gänzliche Erblindung herbeiführen kön= nen, oder diese Secretionen erhalten einen krebsartigen Charakter, wo= nach der Tod unausbleiblich die langen Leiden beschließt. In manchen Fällen ist auch Tuberkulose der Lungen und der Leber oder sogenannte Hypotrophie der Nieren in Begleitung dieser Krankheit anzutreffen.

Die Ursache der Krankheit liegt zunächst im Blute und wird in erster Linie durch fortgesetzte Innzucht begünstigt, wie alle sogenann= ten feineren Racen, welche am meisten davon befallen werden, es ge= nugsam bekunden. Sodann ist der zweite Grund in fehlerhafter Nah= rung und im Mangel an genügender Bewegung zu suchen, worüber ich mich etwas näher aussprechen werde.

Bekanntlich muß jede vernünftige künstliche Pflege, der ja alle Tauben (mit Ausnahme der Feldtauben) und sonstigen eingesperrten Vögel nothwendig unterliegen, ihre ganze Aufgabe dahin richten, den Thieren alle diejenigen Stoffe zuzuführen, die sie zur Erfrischung des Blutes und zur Ernährung des ganzen Körpers bedürfen. Nun ist aber grade die Lösung dieser Aufgabe eine so äußerst schwierige und erfordert die unausgesetzte und nie zu ermüdende Aufmerksamkeit eines Züchters, daß es nur Wenige gibt, bei welchen von einem lohnenden Erfolge ihrer Mühen dauernd gesprochen werden kann.

Eine möglichst mannichfaltige Ernährung muß die Hauptaufgabe in der künstlichen Züchtung sein, ohne welche alle andere Pflege ganz nutzlos bleibt. Dieser Ernährungssatz muß uns als oberste Richtschnur stets eingedenk bleiben und als Beweis der Richtigkeit derselben, will ich an die Eier unserer Landhühner und freien Vögel überhaupt, im Vergleiche zu denen unserer künstlichen Züchtung, erinnern. Vergleichen wir die Dotter der Eier von Landhühnern mit solchen einer jahrelang eingesperrten Hühnerart, ferner die des Sperlings mit denen unserer Kanarienvögel, so werden wir finden, daß erstere schön gelb (das heißt blutreich) letztere oft zum Erschrecken blaßgelb (mithin blutarm) zu nennen sind. Dieser große Unterschied liegt natürlich einzig und allein in der verschiedenen Ernährung und hierauf basirt sich der weitere Erfolg. Die Eier der freilebenden Vögel sind fast alle entwickelungs= fähig; diejenigen unserer gefangenen aber nur theilweise und in den schlimmsten Fällen fast gar nicht, und was da noch etwa scheinbar Gutes auskommt, ist schwächlich und stirbt während der weiteren Ent= wickelung. Ich glaube, daß diese einfache Beweisführung genügen wird, um die großen Fehler, die durch die ausgedehnte Innzucht und schlechte Ernährung begangen werden, hinlänglich dargethan zu haben. Als dritte Ursache der Verbreitung dieser Krankheit hätte ich nur noch unser Schooßkind, die gegenwärtig so beliebten Geflügel=Ausstellungen zu erwähnen, welche in nicht geringem Grade dazu beitragen, das vor= handene Uebel eher zu vermehren als zu verhindern. Wir haben in Deutschland gegenwärtig an fünfzig verschiedene Ausstellungen jährlich, deren jede wenigstens ein Drittheil kranker Thiere beherbergt, wobei die meisten mit der in Rede stehenden Krankheit befallen sind. — Be= denken wir, daß die Mehrzahl der Ausstellungen während der Fort= pflanzungszeit dieser Thiere stattfinden, wodurch eine Menge natürlicher Triebe unterdrückt werden, daß ferner während des Transportes von 1 — 2 Tagen die größten Entbehrungen namentlich an Trinkwasser zu ertragen sind, bedenken wir endlich, daß es eine große Anzahl Händler und speculativer Innzüchter gibt, welche ihre Hühner und Tauben so= lange nach allen möglichen Ausstellungen schicken, bis sie dieselben ver= kauft haben, so wird es zuletzt erklärlich, wie ausgebreitet diese Krank= heit werden muß und in der That schon ist. — Ich mache außerdem noch auf einen andern Umstand aufmerksam, welcher darin besteht, daß eine Anzahl wirklich gesunder Thiere, durch diese widernatürlichen Ein= wirkungen dergestalt organisch herabgestimmt werden können, daß ihre Fortpflanzung, bezüglich ihr Eierlegen, in demselben Jahre entweder gar nicht oder nur sehr unbedeutend stattfindet, welche Erfahrung schon viele Züchter zu dem Entschlusse gebracht hat, keine Ausstellungen mehr zu beschicken.

Die Verhütung der Krankheit liegt in einer möglichst natur=
gemäßen Verpflegung und beruht darauf, seinen Pflegebefohlenen alle
diejenigen Stoffe zu reichen, die zur Erhaltung ihres Organismus
nothwendig sind.   Dieselben bestehen: in möglichst ausgedehnten Räu=
men für die Bewegung, in Zugang zu frischer Erde, Lehm, Sand,
Kalt und den ganz unentbehrlichen Salzen; in möglichster Abwechselung
und Mannigfaltigkeit des Körnerfutters und in stets reinem und ge=
sundem Trinkwasser und Gelegenheit zum Baden.

Aber fragen wir uns, wie es mit dieser Verpflegung bei vielen
sonst ganz tüchtigen Züchtern aussieht? Wie oft leiden die eingesperrten
Hühner und Tauben an dem so unentbehrlichen Trinkwasser durch
schmutziges und oft stinkendes Wasser Noth? Besteht nicht bei Vielen
der wahnsinnige Glaube, daß stinkendes Wasser den Tauben nichts
schadet, und geben nicht Viele derselben den Tauben sogar Urin zu
saufen? Andere füttern entweder nur Erbsen oder Wicken u. dergl.
Jahr aus Jahr ein, und bedenken nicht, daß eine so einseitige Nahrung
auch nur einseitig ernährt. Wer jemals sich Gelegenheit nimmt, eine
geschossene Feldtaube zu untersuchen, der wird nicht blos Wicken und
Erbsen, nein, er wird auch eine große Menge Wolfsmilch=, Winden=,
Mohn= und anderen Samen mehr in ihrem Kropfe finden, die alle ihre
besonderen Nahrungsstoffe liefern. Hat man in den Strafanstalten
doch längst erkannt, daß die Ernährung bei Wasser und Brod die
Lebensdauer beeinträchtigt, weshalb man eine größere Abwechselung in
den Küchenzettel gebracht. Um wie viel mehr müssen wir auch den
Küchenzettel unserer Lieblinge vervielfältigen! — Um mich also in
rationellem Sinne auszudrücken, müssen wir Sand, Erde und Salze
für die Erhaltung des Skelets und der Bildung der Eierschale, mög=
lichst verschiedenes Futter für die Bildung des Blutes und der Fleisch=
fasern; thierische Nahrung für die Erhöhung der Fortpflanzung und
Entwickelung der Jungen; oelhaltige Samen für die Erhöhung der
Farben; ferner stets reines Wasser, möglichste Bewegung und frische
Luft in hinreichender Menge darbieten und ich mache nochmals ganz
besonders auf die nie fehlen dürfende Darreichung von Kochsalz bei
allen gefangen gehaltenen Vögeln aufmerksam.

Die Heilung der Krankheit ist nur in den vorerwähnten
beiden ersten Stadien möglich, und es kann höchstens noch im Anfange
des dritten Stadiums, wenn sich einzelne kleine Geschwüre an den
Augen bilden, ein günstiger Erfolg erwartet werden. Sobald man die
Krankheit gewahr wird, sperre man solche Tauben in einen kleineren,
rein gehaltenen Raum, mit Sand ausgestreut und mit einer nicht hoch
angebrachten Sitzstange, ein. Schwerkranke Thiere bleiben am Boden
sitzen und deshalb ist große Reinlichkeit durchaus erforderlich, während

das Aufsitzen auf die Stange schon als Zeichen geringer Erkrankung oder des Besserwerdens anzusehen ist. Am ersten Tage der Kur reiche man das bisher gewohnte Futter mit frischem Wasser im reinlich gehaltenen Geschirre. Auf die Wahl des letzteren ist besonders Gewicht zu legen und sind die leider so beliebten Zinkgefäße entschieden zu vermeiden, weil nach meiner Ueberzeugung das Zink unheilvoll auf das Wasser einwirkt. Die besten Gefäße sind gußeiserne oder solche von Glas, Porzellan und Thon.

Am zweiten Tage der Kur gebe man ein etwas abgeändertes Futter und an Stelle des reinen Wassers solches, worin eine ziemliche Menge Kochsalz aufgelöst ist. Am dritten Tage verändere man das Futter noch weiter und gebe gleichfalls stark gesättigtes Salzwasser, am vierten Tage gebe man dasselbe Futter, aber Trinkwasser ohne Salz, sowie etwas Grünes, eingeweichte Semmel und Käsequark. Mit diesem Kurverfahren, das heißt also möglichster Abänderung des Futters und Abwechselung des Salzwassers mit reinem Wasser, fahre man in aufmerksamer Weise fort, bis eine Besserung erzielt ist, was je nach dem Grade der Krankheit, in 8, 14 bis 20 Tagen erfolgt sein wird. Von vornherein achte man auf die Excremente, welche anfangs klein und hart zu sein pflegen, bei richtiger Behandlung aber größer und weicher werden, und bei schwer kranken Vögeln einige Tage lang sogar durchfallartig werden müssen. Wenn solches erreicht, ist die Krankheit als gehoben zu betrachten und die Besserung tritt sichtbar ein. Haben die erkrankten Thier Junge, so setze man auch diese der Kur mit aus, was vom besten Erfolge ist. Nach dieser Kurmethode, welche also nur auf Veränderung des Blutes berechnet ist, habe ich bereits glänzende Erfolge und fast gar keine Verluste gehabt und ich kann sie daher allen Züchtern bestens empfehlen." —

4. Der Durchfall.

Diese Krankheit bemerkt man ziemlich häufig in den Schlägen, namentlich werden die jungen Tauben viel leichter davon befallen, als die alten und unterliegen ihr oder werden für lange Zeit dadurch hinfällig. Der Durchfall ist leicht erkennbar an dem häufigen Abgange der Excremente in flüssiger Gestalt und den besudelten und gleichsam zusammengeleimten Federn am After. Das Leiden entsteht gewöhnlich durch allzureichliche aber ungesunde Nahrung, oder von einer Erkältung des Magens bei naßkalter Witterung, wodurch eine Erschlaffung der Gefäße erfolgt. Man beobachte den Durchfall erst einige Tage, um zu sehen, wie er sich gestaltet, ob er von einem Verdauungsfehler herrührt, bei dem man nicht sogleich stopfende Mittel anzuwenden nöthig

hat, oder ob er eine wirkliche ruhrartige Krankheit ist, was sich schon
beim Abgange der Excremente zeigt, die sehr klebrig sind und die
Afterfedern so verkleben, daß der volle Abgang nicht gehörig geschehen
kann. Ist dies der Fall, wobei sich leicht bei der Schärfe der Excremente der After entzündet, so müssen die Federn um den After
herum abgeschnitten, und die stehen gebliebenen öfter mit warmem
Wasser abgewaschen werden, damit der Abgang des flüssigen Kothes frei
bleibt, was die Behandlung sehr erleichtert, auch das Bestreichen des Afters
mit Leinöl trägt sehr dazu bei. In das Trinkwasser lege man eiserne
Nägel oder etwas Hammerschlag, oder gebe einen Absud von Eichen-
rinde. Mit dem bisherigen Futter halte man beim Beginn der Krankheit sofort inne und gebe kleine Gerste, oder Reis, mit Calmus oder
Kümmel vermischt. Ein Klystier von Leinöl, welches man mit einem
Abguß von Calmus, gestoßenem Kümmel und Tormentillwurzel vermischt, wird die Kur vollenden. Feldtauben werden häufig im Monat
August vom Durchfall befallen, da das neue Korn, welches die Tauben
bei der Erndte finden, fast immer die Krankheit herbeiführt, sie hört
aber genau mit dem Gewohntwerden dieser Nahrung wieder auf und
ist nicht weiter gefährlich.

5. Die Verstopfung.

Diese entsteht von dem Genusse einer zu großen Menge trockener
und erhitzender Nahrungsmittel, oder vom Mangel an Bewegung, von
schlechtem, kothigem Getränke und aus Schwächung des Magens. Die
Zeichen der Krankheit sind, wie bei allen ähnlichen, Traurigkeit, Sträuben der Federn, und Mangel an Freßlust; allein das charakteristische
Merkmal ist der fortwährende Drang zum Misten, ohne Abgang
desselben. Die Heilung geschieht, indem man dem Patienten Kleie mit
gestoßenen Sennesblättern, Butter und Weißbrot zu kleinen Kügelchen
geformt, eingibt, und den After und Unterleib mit erwärmtem Baumöl
oder Fett, in das man etwas Muskatnuß gerieben hat, einschmiert;
auch sorge man täglich für frisches Wasser und genügende Bewegung.
Sand und Lehm darf dabei niemals im Schlage fehlen.

6. Der Darmcatarrh.

Die Ursache dieser fast stets einen tödtlichen Verlauf nehmenden
Krankheit liegt gewöhnlich in der zu sehr beschränkten Freiheit unseres
domesticirten Geflügels, namentlich habe ich gefunden, daß sowohl
Hühner wie Tauben, wenn sie krank von einer Ausstellung zurückge-

kommen waren, an Verdauungsstörungen und Darmcatarrh litten. Die
äußeren Krankheitserscheinungen sind etwa folgende: Mangel an Freß=
lust, voller Kropf, Schlaffheit in allen Bewegungen. Die Abgänge
sind in Folge völliger Verdauungslosigkeit dünn und schleimig, anfäng=
lich von weißlicher, später von grüner Farbe. Sich selbst überlassen,
gehen die meisten Patienten an dieser Krankheit zu Grunde, dagegen
ist mir eine völlige und baldige Heilung stets gelungen, wenn die
Kur in den ersten Stunden der Krankheit angewendet wurde. Das
Verfahren ist folgendes. Man kocht etwa eine Handvoll Leinsamen
in ¼ Litr. Wasser so lange, bis sich eine gallertartige Masse aus
demselben ausgeschieden hat und flößt von dieser dem Patienten täg=
lich 2 bis 3mal einen Theelöffel voll ein. Zur Fütterung verwendet
man Hafergrütze und vermeidet alle sonstigen Körner= oder Hülsen=
früchte. Nach Verlauf von wenigen Tagen wird der oft steinharte
Kropf völlig entleert sein und der Patient Freßlust zeigen, man gibt
dann neben der erwähnten Hafergrütze etwas gekochten Leinsamen und
erst nach Verlauf von 8 bis 10 Tagen Körner und später Hülsen=
früchte. Verschiedene sehr werthvolle Tauben eines hiesigen Tauben=
besitzers, welche auf Ausstellungen an Darmcatarrh erkrankt waren,
habe ich in der vorerwähnten Weise behandeln lassen und zwar mit
vollständigem Heilerfolge.

7. Innere Würmer.

Außer den Schmarotzern, welche sich im Gefieder vorfinden, gibt
es noch Parasiten in den Eingeweiden, die aber nicht so gefährlich sind,
daß sie das Leben der Tauben gefährden. Sie haben eine Länge von
ungefähr 1½ Zoll und ¼ Linie Dicke, eine cylindrische Form, an
beiden Enden in eine Spitze auslaufend und sind von bleiartiger Farbe,
sie sind zu einem Knäuel, von mehr oder weniger Dicke vereinigt und
sitzen nahe am Anfange des Afters. Sie zu vertilgen, ist keine so
leichte Aufgabe, doch sind sie, wie schon bemerkt, eben nicht weiter ge=
fährlich. Daß eine Taube an Würmern leidet, gibt sich dadurch zu
erkennen, daß die Augen trübe, wässerig und blaß sind, und daß der
abgehende Koth übel riecht. Doch trügen mitunter auch diese Zeichen
und können ebensowohl auch andere Ursachen zum Grunde haben. Das
einzig sichere Zeichen von dem übermäßigen Dasein der Würmer be=
steht in dem Abgange derselben. Ihrer Ursache liegt meist eine krank=
haft veränderte Schleimabsonderung oder eine Verdauungsschwäche zu
Grunde. Sieht man mit dem Kothe Würmer abgehen, so gebe man
homöopathisch mehrere Gaben Cina (Zittwersamen), welches ein Haupt=
mittel gegen Würmer und alle damit verbundenen Beschwerden ist,

außerdem wöchentlich 2 Mal Sulphur (Schwefel). Beim Eingeben von flüssigen Medicamenten beachte man im Allgemeinen folgendes Verfahren. Man hält den Patienten mit dem linken Ellenbogen auf dem Schooße fest, so daß man mit dem Daumen und Zeigefinger den Schnabel öffnet, reckt den Hals des Thieres aus und hält den Kopf desselben in die Höhe. In dieser Lage gießt man dann mittelst eines in der rechten Hand zu haltenden Theelöffels die einzugebende Arznei langsam in den Schlund und sorgt für das Verschlucken derselben von Seiten des Patienten. Es ist dabei aber nicht einmal immer unbedingt nöthig, daß das Thier die Flüssigkeit verschluckt, indem häufig die Arznei durch die Berührung der Schleimhäute wirkt, ja selbst ihr Dunst wirkt schon in vielen Fällen auf die Nerven des Thieres ein, und stimmt die Lebenskraft auf die mildeste und doch kräftigste Weise heil= sam um.

8. Der Husten.

Der Husten ist entweder nur ein Anzeichen eines vorübergehenden angegriffenen Zustandes oder aber das Symptom einer ernstlichen Krankheit. Im ersten Falle gleicht der Husten einem wiederholten Niesen und erfolgt, wenn die Taube Rauch oder einen beißenden Ge= ruch eingeathmet hat, oder er entsteht auch durch begieriges Fressen von vorgeworfenem, staubigem, unreinem Futter, wenn ein fremder Körper in die Stimmritze gedrungen ist, oder ein Weizenbart sich in die hintere Oeffnung der Nasengruben festgesetzt hat; auch eine Un= reinlichkeit des Magens und der Gedärme kann ihn herbeiführen. Wenn eine Taube anfängt zu husten, muß man die Nasenlöcher unter= suchen, sowohl außerhalb als innerhalb des Schnabels. Das beste Mittel ist das Eingeben von Butter; hat jedoch der Husten schon einige Tage angehalten, so gebe man Honig in das Trinkwasser gemischt. Ist der Husten jedoch das Symptom einer tieferen Krankheit, so dauert er viel länger und ist von ganz anderen Zeichen begleitet, wie von Röcheln und Zuckungen, die Taube kann den Flug nicht lange aushalten und wenn sie in den Schlag zurückkehrt, ist sie, wie man zu sagen pflegt, außer Athem. Man kennt übrigens auch die Krankheit nicht, die diese Art Husten-hervorruft, jedoch heilt sie sehr schwer.

9. Das Röcheln.

Man sagt: die Taube röchelt, wenn man bei jedem Athemzuge ein eigenthümliches inneres Krachen hört; dieses Geräusch wird her= vorgerufen beim Durchgange der Luft durch den angehäuften Schleim in der Stimmritze oder in der Luftröhre. In der Zeit, wo die Taube röchelt, fühlt sie sich beklemmt, d. h. die Athmung ist beschleunigt, und damit der Luftdurchgang leichter geschehe, öffnet sie gewöhnlich den Schnabel. Man könnte vermuthen, in diesem Röcheln die Anzeichen eines catarrhalischen Zustandes der Athmungswerkzeuge zu sehen, oder vielmehr es als die Folge eines solchen halten, denn er ist nicht selten chronisch, und nur im günstigsten Falle wird die Taube vollständig davon geheilt. Man gebe dem Patienten leicht reizende Getränke, als Lindenblüthen=, Ehrenpreis= oder Ysop=Thee und von Zeit zu Zeit 2 bis 3 Rhabarberpillen in der beschriebenen Weise.

10. Das Asthma.

Das Asthma erkennt man an kurzem und abgebrochenem Athem= holen. Da das Röcheln von einer ähnlichen Art des Athemholens be= gleitet ist, so werden fast immer beide Krankheiten mit einander ver= wechselt; jedoch kommt das Asthma auch ohne Röcheln vor, was also eine verschieden geartete Krankheit andeutet. Das Asthma ist für ge= wöhnlich nicht beständig, denn wenn sich die Taube in Ruhe befindet, so erscheint das Athmen normal, wenn sie aber erschreckt ist, oder wenn sie geflogen hat, was sie in dem leidenden Zustande gewöhnlich nicht gern thut, so erscheint die Krankheit mit einer mehr oder minder großen Heftigkeit. Man glaubt, daß diese Krankheit am häufigsten durch großen Schreck hervorgerufen wird. Das Erscheinen einer Katze in dem Schlage oder die Verfolgung durch den Habicht können die Taube asthmatisch machen; es kann aber auch die Folge von Er= schöpfung sein, wie eine solche häufig entsteht, wenn das Thier eine große Anzahl junger Tauben aufgefüttert hat. Wenn eine Taube eben ihre Jungen gefüttert hat, und diese schon eine ziemliche Größe erreicht haben, so bemerkt man, daß sie ermattet ist, indem sie sich von ihnen entfernt um Athem zu schöpfen, woraus unzweifelhaft hervorgeht, daß das Wiedervonsichgeben des Futters nicht ohne bedeutende Anstrengung geschieht. Außer der Muskelerschlaffung, welche gleich darauf erfolgt, üben diese Anstrengungen ihre Wirkung besonders auf die Lungen aus, und ist es leicht begreiflich, daß diese zu häufig wiederholte Function dahin führt, das Asthma zu entwickeln. Als unmittelbare Folgerung dieser häufig gemachten Beobachtung haben viele Liebhaber werthvoller Tauben, denen an ihrer Erhaltung gelegen ist, die Gewohnheit nie mehr als ein Junges aus jeder Brut nähren zu lassen. Ich möchte sogar rathen. auch dieses Junge zu entfernen, sobald es das Nest verläßt und anfängt für sich selbst zu sorgen, da die Täubin dann gewöhnlich

wieder zur Brut schreitet, und der Täuber allein mit den Nahrungs=
sorgen für die Jungen belastet ist, was ihn zu sehr abmattet.

Was nun die Behandlung des Asthma anbelangt, so suche man
zuerst zu erforschen, durch welche Ursache es hervorgerufen ist. Ist die
Krankheit aus Erschöpfung entstanden, so entziehe man alle erhitzende
Nahrung und versuche dem Patienten Bisquit in Milch eingetaucht
beizubringen, gebe von Zeit zu Zeit etwas Grünes, und füttere mit
guter gesunder Nahrung; hat die Taube später Junge, so lasse man
ihr nur eines, das man selbst nach 10 oder 12 Tagen, wenn man
die Entstehung des Aussatzes nicht mehr zu befürchten braucht, einem
anderen Paare unterlegen kann.

Das Asthma, welches durch einen Schreck hervorgerufen wird,
und dasjenige, welches aus Altersschwäche entsteht, müssen den An=
strengungen der Natur überlassen bleiben; ersteres kann mit der Zeit
verschwinden, letzteres ist unheilbar.

11. Pneumatosis (Windgeschwulst).

Die Windgeschwulst ist eigentlich keine Krankheit, sondern nur ein
zufällig krankhafter Zustand, der sich bei Tauben nach großen An=
strengungen zu entwickeln pflegt. Bekanntlich sind bei den Vögeln im
Allgemeinen, und besonders bei denen mit sehr schnellem Fluge die
Knochen hohl und enthalten nur Mark. Die Höhlungen der Knochen
sind mit großen Zellen oder Taschen, die mit Luft angefüllt sind, be=
kleidet. Diese Luft, welche sich beständig erneuert, befindet sich in
directer Verbindung mit derjenigen, die permanent in die Lungen ein=
tritt. Außer diesen Knochenzellen gibt es noch andere unter der
Haut, die sich zwischen den Organen verzweigen.

Während des krankhaften Zustandes ist der Körper der Taube
vollständig aufgeschwollen, und diese Geschwulst zeigt sich besonders auf
den Flanken und der Brust. Wenn man die Federn beseitigt, er=
scheint die Haut erhaben und von den Knochen losgelöst, sie ist elastisch,
und wenn man einen Theil herunterdrückt, so geht der andere hoch.
Kleine Blutadern treten sichtbar hervor, und es scheint, daß die Ge=
schwulst bei der Fütterung, wenn nicht grade schmerzt, doch hinderlich
ist, wie die Unbehilflichkeit zeigt, mit welcher die Taube die Nahrung
zu sich nimmt. Man gebe dem Patienten einige Tropfen Ammoniac
oder Salmiac, welche Mittel einsaugen und Luft machen; daneben
kann man auch Franzbranntwein und Baumöl anwenden; oder man
nehme einen Löffel voll ungelöschten Kalk, feuchte ihn an und tröpfle
dem Vogel einige Tropfen in den Hals. Gewöhnlich aber vergeht
oder leert sich die Geschwulst, sowie man mit einer Nadel eine kleine

Oeffnung in dieselbe macht und ganz gelinde drückt. Diese Nadel=
stiche sind nicht von Blutverlust begleitet. Die Ausdehnung der Haut
ist mitunter auf's Aeußerste gestiegen, so daß die Luft durch die Poren
mit einem laut hörbaren Pfeifen entweicht. Nach dem Ausdrücken
verklebt man die Oeffnung mit einem Häutchen von einem Ei. Da=
neben füttere man mit abführenden Stoffen oder gebe Wasser, in
welches man rostiges Eisen gelegt hat.

Die Erklärung dieses Windgeschwulstes erscheint vermöge der
oben besprochenen Luftzellen sehr natürlich. Die Taube, welche mit
allen Kräften fliegt, sei es, um einem Raubvogel zu entgehen, oder
sei es, um ihren heimathlichen Schlag wieder zu gewinnen, treibt ihre
Lungen instinctartig mit Luft auf, um den Anstrengungen, die sie macht,
mehr Kraft zu verleihen. Diese Luft verbreitet sich nun in den Luft=
zellen. Der Zustand der Ueberanstrengung, in dem sich die Taube be=
findet, führt eine Blutströmung nach den umliegenden Organen; zu
gleicher Zeit vermehrt sich die innere Hitze und die Luft zertheilt sich.
In dieser Lage können die Verbindungen der Luft der Zellen mit
denen der Luft der Lungen mehr oder weniger verstopft sein, und die
Luft sich eingeschlossen befinden. Diese schwellt in einer constanten Art
und Weise die Luftzellen an, und verbreitet sich unter der Haut, die
sich übermäßig ausdehnt. Solche Vorfälle könnten aller Wahrscheinlich=
keit nach von selbst heilen, das anzuwendende Mittel ist jedoch so
gelinde, daß man nicht zögern sollte, der Taube dadurch Erleichterung
zu verschaffen.

12. Die Canariensucht.

Diese Bezeichnung leitet sich von dem Worte: verschlucken, hinab=
gehen, hinabsteigen her, und hat die Krankheit den Namen Canarien=
sucht erhalten, in Folge der Ansicht der alten Liebhaber von Schlag=
vögeln, Tauben oder Hühnervögeln, von denen nämlich vermuthet wurde,
daß der Kropf des Vogels heruntergefallen sei und die Eingeweide nach
hinten dränge. Allerdings zeichnet sich die Krankheit durch das An=
schwellen und Hervortreten des Unterleibes aus, und das Berühren
läßt eine harte Beule von der Größe eines Eies erkennen. Man hat
diese Krankheit besonders bei den Weibchen bemerkt, und so bald sie
davon betroffen werden, hören sie auf zu legen. Noch viel häufiger
zeigt sie sich jedoch bei den im Neste befindlichen Jungen und entwickelt
sich bei ihnen mit deutlich sichtbaren Merkmalen. Der Bauch ist an=
geschwollen und von Federn entblößt, die Haut heiß und glänzend,
die Adern sind widernatürlich angeschwellt und mit Blut überfüllt, die
aufgeschwollenen Eingeweide verdrängen fast die Lungen. Das Athmen

ist schwierig und abgebrochen, die vorhergegangene Diarrhoe verschwin=
det, die trockenen Excremente kleben in der Umgegend des Afters und
umschließen seine Oeffnung; der Vogel muß umkommen. Die Canarien=
sucht, welche die Weibchen befällt, sollte sie verschieden sein von der
der jungen Tauben? Es ist nicht recht wahrscheinlich, und man be=
greift sehr wohl, daß ein schon krankes Weibchen nicht mehr legen
kann. Daraus geht hervor, daß das Männchen es ohne Aufhören
verfolgt, und ihm keinen Augenblick Ruhe läßt, es kann daher nicht
fressen und hungert, und in Folge dessen macht die Krankheit so schnelle
Fortschritte, daß die Taube ihr sehr bald unterliegt.

Viele Liebhaber glauben, daß ein zu feuriges Männchen die
Krankheit bei einem Weibchen entwickeln kann.

Ich würde eher geneigt sein zu glauben, daß eine Täubin, die
in ihrer Jugend in einem gewissen Grade damit behaftet war, zum
zweiten Male von dieser Krankheit befallen werden kann, wenn aus
irgend welchem Grunde sie sich rasch auf einander folgenden Eierlegens
ausgesetzt findet. Man weiß, daß ein von der Canariensucht befallenes
Weibchen nicht legen kann, da die Eingeweide des Unterleibes ange=
schwollen und entzündet sind, einen Druck auf den Eierkanal ausüben
und so den Durchgang des Eies nicht erlauben. In diesem Falle muß
man der Natur zur Hülfe kommen. Man bestreiche zu dem Zwecke die
Theile, welche das Ei passiren muß, mit Olivenöl, und drücke dann
leicht und vorsichtig das Ei von hinten nach vorn. Ist die Schale
gut construirt, so geht das Ei mit Leichtigkeit heraus, ist sie zu
schwach und zerbricht im Eierkanale, so ist die Operation fehlgeschlagen,
und der Mißerfolg hat den Tod der Taube zur Folge. Ist die
Operation jedoch geglückt, so darf man die Taube vor der Hand keinem
neuen Eierlegen aussetzen, und dürfte es gerathen sein, sie vom Täuber
zu trennen, worauf man das Paar erst dann wieder zusammen läßt,
wenn sich die Anschwellung des Unterleibes unter vernünftiger Pflege
zertheilt hat; gute reife Wicken, Erbsen, zeitweise Grünes, frisches
Wasser, und von Zeit zu Zeit einige leichte Laxire mittelst einiger
Glaubersalz=Crystalle müssen die dazu verhelfenden Bestandtheile sein.
Ein anderes sicheres Mittel ist folgendes. Sobald die Taube das
Ei nicht los werden kann, nehme man sie in die flache Hand, den
Bauch nach oben gekehrt, ergreife ein Gefäß mit frischem, kaltem Wasser
und lasse dasselbe etwa in der Höhe von 15—30 Centim. auf den After
und demnächst auf den ganzen Bauch fallen, bis er ziemlich durchnäßt
ist. Dann setze man sie auf das Nest, bis sie sich erholt hat und
wieder munter ist. Durch dieses Verfahren wird das Ei, welches
nicht abgehen kann, wieder zurückgedrängt und es erfolgt die Legung
des Eies ohne Schwierigkeiten am nächsten Tage. Man hüte sich

aber, daß man die Taube, während man das Wasser auf After und Leib fallen läßt, nicht mit dem Kopfe zu weit nach unten hält, weil durch den Druck des Wassers das Blut nach oben gedrängt wird und zum Schnabel herausfließt, was leicht einen Schlagfluß herbei= führen kann.

13. Das Eierlegen ohne Schale.

Ein Ei ist schallos, wenn es nicht mit einer harten, festen, brechenden Schale, sondern von einer häutigen, pergamentartigen Um= hüllung bekleidet ist, die an der Oberfläche mit kalkartigen Körnchen bedeckt ist. Es gibt einzelne Tauben, die nie andere Eier legen, und besteht in diesem Falle bei ihnen eine organische Mißbildung des Theiles des Eierkanales, der den Kalkstoff, welchen die Eierschale bil= den soll, absondert. Dieser Fehler ist gewöhnlich nicht zu heilen, wenn man jedoch viel auf die Taube hält, welche damit behaftet ist, so ver= suche man sie zu heilen, indem man in ihre Nähe ein Gefäß setzt, welches groben Sand, Salz, Kalk und zerbrochene Eierschalen von nicht gekochten Eiern enthält. Es ist dies ein Versuch, den man erst machen muß, ehe man die Taube ausmustert, und umsomehr, als sie nur zufällig von dieser Krankheit befallen sein kann, z. B. wenn sie durch mehrmaliges rasch aufeinander folgendes Legen oder durch eine andere vorhergegangene Krankheit erschöpft ist. In diesem Falle ist das Mittel leicht zu finden und besteht darin, daß man die Taube absperrt und ihr Zeit zur Erholung gönnt. Mitunter finden sich jedoch schallose Eier, ohne daß die Taube, welche sie gelegt, krank er= scheint. Untersucht man die Sache, so findet man gewöhnlich, daß ein Element der Nahrung fehlt, wie Kies, Sand, Kalk oder zerbröckelte Eierschalen. Häufig kommt dies bei den Tauben vor, die ihrer Frei= heit beraubt sind, denn freiumherfliegende Tauben wissen sehr gut das zu finden, was ihnen Noth thut. Dr. Chapuis erinnert sich in dieser Beziehung einer Thatsache, die sehr zu Gunsten des Instinctes und des guten Gedächtnisses der Taube spricht. Ein Züchter hatte einem Freunde eine Täubin gegeben, die, obgleich sie sich in ihrem neuen Schlage sehr gut zu gefallen schien, zu gewissen Zeiten an ihren alten Wohnort zurückkehrte. Bei der nächsten Wiederkehr wurde sie auf= merksam beobachtet, und stellte es sich nun heraus, daß das Wieder= kommen nur einzig und allein darin seinen Grund hatte, das Gefäß zu besuchen, in welchem ein Gemisch von Sand, Lehm, Salz, Kalk und Eierschalen aufbewahrt war. Es wurde außerdem festgestellt, daß die Besuche genau mit dem Eierlegen zusammenfielen, und daß die Taube an ihrem alten Wohnorte das suchte, was sie am neuen nicht gefunden hatte.

14. Steifer Hals.

Boitard und Corbié betrachten diese Krankheit als einen Erb=
fehler und bezeichnen als ihren Grund eine große Gesichtsschwäche,
weil, wenn die Tauben davon befallen werden, die Augen eine rothe
durchsichtige Farbe annehmen. In dieser Krankheit, welche sich beson=
ders bei jungen Tauben, kurz nach dem Verlassen des Nestes zeigt,
dreht sich der Hals unaufhörlich ruckweise und mit convulsivischer Be=
wegung nach rechts und links. Dieser Zustand nimmt sehr schnell zu,
so daß die Taube den Kopf manchmal so weit nach hinten dreht, als
dies überhaupt nur möglich ist, wobei sich sehr starke epileptische
Krämpfe einstellen, in welchen die Taube bald verendet. Alle diese
verschiedenen Erscheinungen, und der ganze Gang der Krankheit zeigen
eine tiefe Hirnverletzung; die Schwäche der Augen, welche sie oft be=
gleitet, kann zwar nicht als Ursache, wohl aber als Folge, als ein
Symptom der Gehirnverletzung betrachtet werden. Eine Heilung dieser
Krankheit ist nicht möglich, weshalb es gerathen erscheint, sich der da=
von befallenen Tauben baldigst zu entledigen.

15. Warzen.

Diese Hautgebilde zeigen sich auf den nackten Theilen an der Ver=
einigung des Schnabels, auf den Nasen= und den Augenhäuten und
an den Füßen. Sie entwickeln sich mitunter so stark, daß sie das
Gesicht verdecken und die Taube am Fressen hindern. Die von der
gelben Mundfäule befallenen Theile scheinen mehr disponirt diese Ent=
zündungen der Haut hervorzurufen, als andere. Die Warzen ver=
mehren sich und wachsen mit einer großen Geschwindigkeit, deshalb
muß man nicht säumen, die Taube davon zu befreien. Die Operation
ist sehr einfach, es genügt die Warze zu unterbinden und auszureißen;
man muß dabei jedoch mit Vorsicht zu Werke gehen, wenn sie sich
auf den Augenlidhäuten befinden. Nach dem Ausreißen beize man
mittels eines Pinsels die Wunde mit Höllenstein, oder noch besser mit
einer starken Lösung von Schwefelkupfer.

16. Die Pocken oder Blattern.

Es ist dies eine mit starkem Fieber verbundene Ausschlagskrank=
heit, die sich in perlartigen Pusteln (Blattern), die mit einer entzünd=
lichen Röthe umgeben sind, kennzeichnet. In den Pusteln entwickelt sich
ein ansteckender Stoff, so daß oft ein ganzer Flug Tauben von diesem
Uebel heimgesucht wird, das dann nicht selten große Verheerung an=

richtet. Bei alten Tauben treten die Pusteln zuweilen schon am Ursprunge des Schnabels hervor; bei den jungen dagegen zeigen sie sich besonders an den Ohren und unter den Flügeln. Ungünstige Witterungsverhältnisse dürften dieses Leiden am häufigsten hervorrufen; ferner liegt der Grund in der Ansteckungsfähigkeit desselben, und geschieht die Fortpflanzung am leichtesten durch unmittelbares Berühren eines pockenkranken Exemplares, wodurch sehr leicht etwas von der Pockenfeuchtigkeit an die Haut des gesunden Vogels kommt. Aber auch durch die bloße Ausdünstung kranker Thiere kann die Seuche verbreitet werden, so daß, wie schon erwähnt, oft ein ganzer Flug Tauben von derselben befallen ist. Auch das Fressen vom frischen, erst eingeernteten Getreide, unreifes Korn, junge Erbsen, ölige Sämereien, z. B. Lein, Hederich u. f. w., sowie Läuse, die gerne wunde, feuchte Stellen aufsuchen und diese aufreizen, können die Krankheit entwickeln. Man sondere die kranken Thiere von den gesunden sofort ab, damit diese nicht auch angesteckt werden, und bestreiche die Pocken mit frischer ungesalzener Butter, oder mit frischer Sahne, frischem Provenceöl und dergleichen milden Mitteln. Verdünnte Myrthentinctur, welche trocknet und heilt, soll gute Dienste leisten. Man suche ferner das Geblüt zu reinigen, indem man eisenhaltiges, rostiges Wasser, etwas Doppelsalz, Spießglanz, dazugethan, vorsetzt. Blatterkranke Tauben sind übrigens für die Küche unbrauchbar.

17. Der Grind

ist meistens nur bei Feldfliegern zu finden. Man erkennt ihn, wenn die Tauben um den Schnabel und um die Augen ganz nackt und schäbig werden, und er entsteht von scharfen Sämereien, z. B. der Wolfsmilch. Als Heilmittel ist Chlorkalk, in Wasser aufgelöst, sehr zu empfehlen. Man wäscht die kahlen Stellen der erkrankten Taube damit täglich einmal, und die Heilung wird sehr bald erfolgen.

18. Der Schlagfluß.

Mitunter kommt es vor, daß eine sonst ganz gesunde Taube plötzlich wie vernichtet erscheint, die Flügel hängen halb geöffnet herab, die Füße können sie nicht tragen, sie wackelt und fällt von einer Seite zur anderen; der Kopf neigt sich und oft fließt Speichel mit Blut untermischt aus dem Schnabel; der Tod erfolgt darauf einen Augenblick früher oder später. So bald man einen derartigen Zustand wahrnimmt, beeile man sich, der Taube sofort an jedem Fuße einen Nagel ziemlich nahe an der Wurzel abzuschneiden, damit Blutverlust eintritt.

8*

Um das Bluten zu erleichtern, stecke man die Füße in lauwarmes
Wasser. Bleibt die Taube am Leben, so halte man sie diät und gebe
ihr nur frisches Wasser. Einen solchen Zustand nennt man Schlagfluß.
Aber wo ist der Sitz, und was ist die Ursache eines solchen? Ist es
Lungenschlag oder Gehirnschlag? Es läßt sich dies schwer feststellen,
da unsere Kenntnisse der Krankheiten des Federviehes noch sehr geringe und die große Mehrzahl der Liebhaber wenig geneigt sind, sich
umfassenden Beobachtungen hinzugeben.

19. Die Gicht.

Es ist dies eine der gefährlichsten Krankheiten für Flugtauben,
da sie in kurzer Zeit einen ganzen Schlag entvölkern kann. Sie tritt
ganz plötzlich auf, und haftet sich in der Regel an einen Fuß der
Taube und macht sie hinkend, oder an einen Flügel, und macht ihn zu
jeder Bewegung unfähig, so daß sich das Thier kaum zu $\frac{1}{2}$ Meter
Höhe erheben kann. Forscht man nach dem Sitze des Uebels, so findet
man einen Punkt, wo die Hitze stärker, die Röthe lebhafter ist und die
Arterien heftiger schlagen; in kurzer Zeit folgt Verstopfung und es entsteht eine harte Beule, die sich bald zur Größe eines Taubeneies entwickelt. Oeffnet man dieselbe, so findet man darin eine gelbe durchsichtige Flüssigkeit, die den angrenzenden Knochen und die Sehnen umgibt und die sich in die nahe liegenden Theile ergießt. Später verdickt sich diese Feuchtigkeit und wird undurchsichtig, sie scheint am
Knochen festzusitzen und läßt sich nur mit Schwierigkeit entfernen.
Diese Beule hat gewöhnlich ihren Sitz an den Gliedern oder wenigstens an dem äußersten Gliede der langen Knochen; man findet sie
häufiger am Flügel als am Fuße und ist sie am ersteren umfangreicher
als am letzteren, ja häufig nimmt sie solche Größe an, daß der Flügel
ganz an der Erde schleppt.

Bleibt die Krankheit sich selbst überlassen, so kann sie auch ohne
weiteres Zuthun heilen, der Flügel erlangt nach und nach seine Bewegung wieder; hat das Uebel seinen Sitz am Fuße, so bleibt die
Taube oft hinkend. Häufig kommt es jedoch vor, daß die Krankheit
solche Fortschritte macht, daß die Taube nur kurze Zeit kränkelt und
ihr dann unterliegt. Man hat eine Menge Mittel zur Heilung der
Gicht vorgeschlagen und nichts unversucht gelassen, man hat Blutegel
an die Beule gesetzt, man hat ein Haarseil durchgezogen, man hat sie
geschnitten und gebeizt, jedoch vergeblich. Es ist sehr wahrscheinlich,
daß, wenn das Uebel eine gewisse Höhe erreicht hat, es unmöglich ist,
es zu heilen. So bald sich das erste Symptom der Krankheit zeigt,
muß man sich beeilen, helfend einzuschreiten. Mehrere Liebhaber ver-

sichern, das Uebel durch tägliche Waschungen mit Kampfer=Spiritus, durch Eau de Cologne, oder durch Ammoniak=Wasser beseitigt zu haben, und ist es auch mir gelungen, vermöge letzterer Waschung und purgirender Pillen, eine erkrankte Taube zu heilen.

Die Ansteckung der Gicht wird allgemein zugegeben, die Heftigkeit, mit welcher sie sich in gewissen Schlägen zeigt, und die Verwüstungen, welche sie daselbst anrichtet, bestätigen diese Annahme.

20. Die Schwermuth.

Die Schwermuth entsteht entweder aus schwerem und schwarzem Geblüte, aus anhaltend ununterbrochenem Füttern mit Erbsen, oder wenn dem Täuber die Gattin oder umgekehrt der Täubin der Gatte abgeht, d. h. entweder gefangen oder vom Habicht genommen worden ist. Der zurückbleibende Theil sitzt dann traurig auf der Stange oder im Neste, lockt und fliegt ängstlich umher, um das Vermißte zu suchen. Er sitzt traurig, abgesondert, frißt wenig, legt den Kopf rückwärts über die Flügel und magert zuletzt so ab, daß sich ein vollständiges Zehrfieber einstellt, das dem Leiden ein Ende macht. Von dieser Schwermuth werden besonders die Täubinnen befallen, so daß sie auf das Treiben der jungen Täuber wenig achten, ja sich denselben entziehen, indem sie in die Winkel des Schlages kriechen und auf dem Dache einsam sitzen, entfernt von den übrigen Tauben, und wo eine Mauer an dem Dache in die Höhe geht, sich dicht an dieselbe drängen, um nicht gestört zu werden. Bei dem Täuber läßt die Schwermuth schon eher nach, wenn sich ihm junge Tauben zum Begatten nähern, bei ihm umherlaufen, ihn gleichsam zum Treiben reizen. Schwerer hält es, wenn ihm in seinem Wittwerstande Junge zurückbleiben, die er zu füttern hat, und oft mit treuer Sorgfalt pflegt, was sonst die Täuber nicht thun, wenn die Jungen von der Mutter verlassen werden. Bei einer solchen Schwermuth, wobei eine Trennung des Paares stattgefunden, ist Heilung schwer möglich, wenn sich der getrennte Theil nicht wieder mit einem andern verbindet, was man zu bewerkstelligen suchen muß, indem man zu einer Täubin mehrere ledige junge Täuber in einem besonderen Behältnisse läßt, und umgekehrt zu einem kranken Täuber mehrere Täubinnen. Man beobachte hier das Benehmen des Kranken und gebe ihm dabei ein leichtes Futter und frisches Wasser mit etwas Zuckerlösung. Sind es Flugtauben, so kann man dergleichen kranke Tauben mit in den Flug nehmen, damit sie Bewegung haben; ist dieses nicht der Fall, so jage man sie häufig auf, wenn sie zum Ausfliegen gewöhnt sind. — Rührt die Krankheit von dickem Geblüte her, so muß man mit dem Futter wechseln, und einen Aderlaß anwenden. Als Wechselfutter reiche man gesunde Wicken, in heißem Wasser gequellte Gerste, Buchweizen, Hirse, Rübsamen u. s. w.

21. Knochenbrüche.

Einen Beinbruch erkennt man leicht daran, daß das Thier gar nicht auf das gebrochene Bein treten kann, dasselbe an der gebrochenen Stelle gleichsam wie angeheftet erscheint und man daselbst bei der Untersuchung eine gelenkartige Biegsamkeit wahrnimmt, wo dieselbe doch nicht sein sollte. Sind die Knochenenden von einander gewichen, so haben sie sich oft übereinander geschoben, so daß ein Hervorstehen der Knochen und auch wohl Knochensplitter zu fühlen sind und das Glied kürzer erscheint. Bald entzündet sich die Bruchstelle und wird von einer schmerzhaften Geschwulst umgeben. Dergleichen Knochen- brüche kommen sehr häufig vor und sind die Folge eines erhaltenen Wurfes, Schlages, Stoßes u. s. w. Der gebrochene Knochen muß zuvörderst in seine natürliche Lage gebracht werden, dann wird die Bruchstelle mit Leinwandstreifen umwunden, ein Paar rinnenförmige Schienen darüber gelegt und die Bandage oft mit Symphytum- Wasser befeuchtet. Nach etwa acht Tagen wird der richtigen Knochen- lage wegen nachgesehen, dann der Verband auf gleiche Weise wieder angelegt und mit dem angegebenen Mittel befeuchtet. Bis zur völligen Herstellung des Thieres muß dieses Verfahren noch einige Male wieder- holt werden. Daß dabei der Patient von den übrigen gesunden Tauben abgesondert werden muß, ist selbstverständlich, sowie überhaupt das ganze Verfahren die größte Vorsicht und Sorgfalt von Seiten des Besitzers erfordert.

22. Wunden und Blessuren.

Wunden und Verletzungen, welche den Tauben durch Raub- vögel u. s. w. zugefügt werden, heilt man am besten, indem man sie mit kaltem Wasser gehörig auswäscht, die Federn wegnimmt, welche leicht an dem entblößten Knochen kleben bleiben, und die Ränder der Haut durch einige Nadelstiche wieder vereinigt. Die Naht bestreiche man mehrmals behutsam mit ungesalzener Butter, ist die Wunde jedoch sehr groß, so bepinsele man sie mit Terpentinöl. Sollten die Schmer- zen die Freßlust vermindern, so reiche man weiches Futter, und gönne dem Patienten Ruhe; die Natur wird das Uebrige thun und die Taube nach kurzer Zeit wieder hergestellt sein.

23. Die Schnipp.

Das Wort „Schnipp" ist wahrscheinlich aus dem Wort Schnupfen (Schleimhaut=Catarrh) entstanden, denn das erste in die Augen fallende Krankheitssymptom des erkrankten Thieres ist Husten (d. h. eine stoß= weise Ausathmung), wodurch der eigenthümliche Ton, gleich als ob ein Hinderniß in den Luftwegen vorhanden und zu überwinden sei, hervorgebracht wird. Die Krankheit ist bald schnell, bald langsam ver= laufend, was wohl von der Intensität und dem Sitze des Krankheits= processes abhängig ist, und so verheerend, daß mancher Züchter fast sämmtliche Thiere verliert. Erkrankte junge Tauben sterben fast sämmt= lich, und habe ich nur einen Fall, welcher günstig verlief, zu verzeich= nen, während alte, deren Widerstandskraft vielleicht eine größere ist, die Krankheit eher überstehen, doch trauern auch diese sehr lange Zeit, und bekommen zuweilen erst nach Ablauf eines Jahres ihre frühere Stimme wieder. Die erwähnte Krankheit ist unzweifelhaft contagiöser Natur d. h. ansteckend, und scheint ziemlich schnell auf andere gesunde Thiere übertragen werden zu können. Der Träger des Ansteckungs= stoffes scheint der aus der Nase abgesonderte Schleim, vielleicht auch die Entleerungen aus dem Rumpfe und die Excremente, wenn solche mit dem Futter oder Wasser in Berührung kommen, zu sein. Auch ist eine directe Uebertragung von dem kranken auf das gesunde Thier z. B. beim Füttern, beim Beißen u. dergl. sehr wohl möglich.

Die Krankheit beginnt unter folgenden Erscheinungen:

Das inficirte Thier wird traurig, frißt weniger wie gewöhnlich, und fangt an von Zeit zu Zeit zu husten. Das Husten geschieht stoß= weise mehrmals hinter einander und macht auf den Beobachter den Eindruck, als ob ein fremder Körper in die Luftwege gerathen, und dieser zu entfernen versucht würde. Es entsteht derselbe offenbar durch die Reizung im Kehlkopfe und in der Luftröhre, so wie durch den in denselben sich ansammelnden Schleim. Die Stimme wird heiser und der Täuber ist schließlich nicht mehr fähig vernehmlich zu rucksen. Allmälig be= ginnt nun das Stadium des Frostes. Die Federn stellen sich in die Höhe (das Thier macht sich dick), der Kopf wird in die Federn ver= steckt, und die Temperatur des ganzen Körpers ist eine geringere wie gewöhnlich. Der Frost geht nach einiger Zeit in das Stadium der Hitze über, das kranke Thier säuft mit Hast das vorgesetzte Wasser und athmet viel schneller wie gewöhnlich, Schnabel und Beine fühlen sich heiß an. Nicht selten wird auch bald der Verdauungscanal in hohem Grade in Mitleidenschaft gezogen, was sich durch Erbrechen und secundär durch Bildung von gelblichem Belag, welcher an den innern Seiten des Schnabels auftritt, sich nach dem Schlundkopf ausbreitet

und endlich die Luftwege ergreift, manifestirt. Der Husten wird immer
häufiger und anhaltender, die Absonderung der Schleimhaut der Luft=
wege besteht anfangs in gelblich weißem, später grünlichem Schleim und
entleert sich zum Theil in nicht unbedeutenden Quantitäten durch die
Nasenlöcher nach außen. Das Athmen wird schließlich rasselnd, eine
Folge von Ueberfüllung der Luftwege mit Schleim.

Zu dem häufig auftretenden Erbrechen gesellt sich Durchfall, es
entsteht in Folge der gestörten Ernährung und ganz besonders fehler=
hafter Blutbildung bald sehr große Abmagerung und das Thier stirbt
endlich unter den Erscheinungen der Schwäche.

Untersuchungen von verschiedenen an dieser Krankheit gestorbenen
Tauben ergaben Auflockerung und Erweichung der Schleimhaut der
Luftwege, Ansammlung von Schleim in denselben, und geringe Quan=
titäten Blut in den Lungen, dem rechten Herzen und großen Blut=
gefäßen. Die microscopische Untersuchung des im Schnabel vorhan=
denen Belages, welcher wie bemerkt, zuweilen sowohl bis in die Luft=
wege sich verbreitete, erwies sich als zerfallenes Gewebe, bisweilen mit
Pilzbildung durchsetzt.

Was die Ansteckungsfähigkeit der Krankheit anlangt, so sprechen
die in dieser Beziehung gemachten Versuche entschieden für eine solche,
und führe ich hier einige Beispiele an.

Eine schöne, flicke, kräftige, junge, schwarze, Schlesische Flügel=
taube, von ganz gesunden Aeltern stammend, fing eines Tages an zu
husten, sie wurde sofort in einem reinen guten Behälter separirt und
sehr aufmerksam gepflegt. Nach einigen Tagen erkrankte die andere
von dem Nestpaar unter gleichen Erscheinungen, auch diese wurde ge=
trennt an einem andern Ort aufbewahrt und gepflegt. Die erstere
starb nach acht Tagen, letztere etwas später. Der Verlauf der Krank=
heit war der geschilderte, nur muß ich bemerken, daß die zuerst er=
krankte ungewöhnliche große Mengen grünlichen Schleimes durch die
Nasenlöcher entleerte, ohne eine Affection des Schnabels und Schlund=
kopfes zu zeigen, während sich bei der später erkrankten gegen das
Ende der Krankheit gelblicher Belag der Mundhöhle entwickelte.

Nachdem beide Behälter sehr gründlich gereinigt und desinficirt
waren, und etwa acht Tage an der Luft gestanden hatten, wurden in
dieselben zwei gesunde junge, schon alleinfressende Tauben gethan. Schon
nach wenigen Tagen fingen sie an zu husten, die erwähnte Krankheit
entwickelte sich sehr schnell, und führte in kurzer Zeit ebenfalls den
Tod herbei.

Die Prognose d. h. die Vorhersage der in Rede stehenden Krank=
heit ist eine ungünstige, denn die seither gemachten Erfahrungen über
den Verlauf und Ausgang dieser noch nicht lange beobachteten Krank=

heit haben gelehrt, daß eine sehr große Menge von Tauben an der= selben zu Grunde geht, und diejenigen, welche sie glücklich überstehen, für längere Zeit dann kränkeln und brutunfähig bleiben.

Was das Wesen der Krankheit anbelangt, so ist die erste in die Augen fallende Krankheitserscheinung Husten, welchem alsbald mehr oder weniger Absonderung von Schleim sich zugesellt. Es ist also eine empfindliche Reizung der die Luftwege bekleidenden Schleimhaut mit specifischem Charakter vorhanden. Zugleich erkrankt auch consensuell die Schleimhaut des Nahrungscanals, wie wir dies auch beim Menschen zu beobachten häufig Gelegenheit finden. Durch die anhaltend ent= zündliche Reizung der Schleimhaut der Luftwege verändert sich das Gewebe derselben, die kleinen Drüsen schwellen an, sondern copiös ab und erweichen, die Permeabilität der Bläschen der Lunge wird zum Theil aufgehoben, es wird hierdurch der zum Leben nothwendige Aus= tausch von Gasen in der Lunge gestört, mithin die Blutbildung quan= titativ und qualitativ verändert, d. h. es entsteht eine fehlerhafte Blut= mischung, wozu dann in zweiter Linie wohl auch die gestörte Verdauung mit beitragen mag.

Die Ansicht mancher Beobachter, wonach die Ausschwitzung und Bildung von croupösen Stoffen und sogenannten Pseudomembranen in der Mundhöhle die Ursache der Krankheit sei, ist nach meinen Er= fahrungen nicht zutreffend, denn dieser meist gelbliche Belag ist Krank= heitsproduct und nicht das die Krankheit veranlassende Moment, denn immer entwickelte sich derselbe erst im Verlauf des Krankheitsprocesses.

Die Behandlung der von der Krankheit ergriffenen Thiere an= langend, so sind verschiedene Mittel, meist jedoch zur Bekämpfung einzelner Krankheitssymptome, empfohlen worden, dahin gehören z. B. leichte Eisenpräparate, welche man zur Verbesserung des Bluts (wie bei der Rachenbräune der Menschen) gibt, ferner die örtliche Anwen= dung von Aetzmitteln, z. B. Höllensteinlösungen behufs Zerstörung des Belags im Munde, und manche andere Mittel, welche indeß nicht viel nützen, aber auch nicht schaden. Leider besitzen wir bis jetzt noch kein specifisches Heilmittel gegen diese perniciöse Krankheit, und müssen uns weitere Beobachtungen und Erfahrungen mit der Zeit die entsprechen= den Heilmittel finden lassen.

Eine rationelle Behandlung dürfte vielleicht folgende sein: Im Anfang der Krankheit, im Stadium der Reizung, verfahre man kühlend einhüllend, gebe Neutralsalze, z. B. Salpeter in Wasser gelöst, bei zu= nehmender Schleimabsonderung gehe man, um denselben zu lösen und eine locale Krise herbeizuführen, zu einer Salmiaklösung über. Beide Mittel lieben außerdem die Tauben sehr. Dabei ist das Thier an einem warmen Ort aufzubewahren, man gebe ihm Hirse, geschälte

Gerste, u. dergl. zu fressen, und als Getränk nicht zu kalte dünn=
schleimige Abkochungen, z. B. solche von Hafer, Gerste, Reis u. s. w.
Daß der Behälter, worin sich das Thier befindet, sehr sauber gehalten
wird, versteht sich von selbst. Treten während des Krankheitsverlaufes
anderweitige Folgeerscheinungen, z. B. die croupöse Ausschwitzung im
Munde auf, alsdann suche man diese durch eine nicht zu schwache
Höllensteinlösung, aber nur rechtzeitig, zu zerstören. Man nehme
hierzu eine Lösung von 0,12 (Centigramm) salpetersaures Silber
(argentum nitricum) auf 1,0 (Gramm) destillirtes Wasser, tauche einen
Malerpinsel hinein, und bestreiche, indem man mit der linken Hand
den geöffneten Schnabel vorher fixirt, die kranken Stellen, tauche als=
dann den Pinsel in eine Kochsalzlösung und überstreiche die kranken
Stellen damit nochmals, hierdurch wird ein Anätzen der gesunden
Stellen der Schleimhaut am besten verhütet.

Wenn wir nun auch, so viel mir bekannt, kein specifisches Heil=
mittel besitzen und uns daher auf spätere Zeiten vertrösten müssen,
so können wir doch indirect gegen diese Krankheit dadurch an=
kämpfen, daß wir bei dem geringsten Verdacht der Infection das Thier
isoliren und beobachten, ferner, daß die allergrößte Reinlichkeit in dem
Taubenschlage gehandhabt wird (ich zähle hierher auch das häufige
Reinigen der herauszunehmenden Nester mit kochendem Wasser u. dergl.),
und endlich, daß man auf eine gehörige Auswahl des Futters beson=
ders Bedacht nimmt. Dasselbe muß nicht nur von Qualität gut sein,
sondern es muß den Thieren auch die nöthige Abwechselung bieten.

Es empfiehlt sich außerdem sehr, daß man das Futter nicht auf
den Boden des Schlages wirft, weil es sehr leicht durch die Excre=
mente der Thiere verunreinigt wird. Um dies zu verhüten, stelle man
nur während der Fütterung Kästchen mit flachen Seitenwänden, welche
stets sehr sauber gehalten werden müssen, auf den Fußboden, streue
das Futter hinein, und entferne dieselben, sobald die Tauben die Körner
aufgelesen haben.

Auch ist auf die Saufgeschirre besonderes Augenmerk zu richten.
Als die beste Qualität dürften sich die bekannten aus Zinkblech nach
Englischem Muster bereiteten, empfehlen. Dieselben müssen ebenfalls
sehr rein gehalten, und täglich wenigstens zweimal mit frischem Wasser
gefüllt werden.

Die Mauser.

Obgleich die Erscheinungen im Leben der Tauben sehr aufmerk=
sam beobachtet worden sind, so gibt es doch noch Vorkommnisse, die
aufzuklären sich jeder gewissenhafte Züchter angelegen sein lassen muß.
Unter diesen befindet sich in erster Linie die Mauser. Die Mehrzahl
der Schriftsteller haben sie unter die Krankheiten der Tauben ge=
rechnet. Ich theile in keiner Beziehung diese Ansicht. Chapuis in
seinem schon früher erwähnten Werke sagt darüber Folgendes: „Die
Mauser ist eine periodische Function, deren normale, regelmäßige Ent=
wickelung und Vollendung zur ersten Bedingung einen vollständigen
Gesundheitszustand erheischt. Es ist allerdings wahr, daß die Taube
während der Mauser alle Lebendigkeit verliert, traurig ist, Absonderung
und Ruhe sucht, und, wenn sie darin gestört oder von anderen Tauben
gereizt wird, leicht zornig wird und mit den Flügeln um sich schlägt.
Diese Art Apathie erinnert an die Faulheit, welche eine ordentliche
Verdauung verursacht, mit dem Unterschiede, daß sie von längerer
Dauer ist.“

Im Allgemeinen mausert die Taube nur einmal im Jahre und
ist diese Mauser dann eine vollständige, wenn sich alle Federn er=
neuern; jedoch kommt sie in mehreren Abstufungen vor und ist sehr
verschieden. So macht z. B. die junge Taube, welche Ende Februar
oder Anfangs März flügge wird, nur eine theilweise Mauser durch,
da nur die Hals= und Kopffedern vom April an ausfallen und durch
andere, lebhafter gefärbte Federn ersetzt werden; dasselbe gilt auch von
den Tauben, welche im Laufe des August bis October geboren werden,
da sie die großen Flügel= und Schwanzfedern nicht wechseln, die sich
noch im September des auf die Geburt folgenden Jahres wieder er=
kennen lassen.

Fast könnte man sagen, die Taube mausert während der Hälfte
des Jahres, da sie schon im Monat Mai die erste Feder verliert.
Die Mauser fangt mit den großen Flügel= oder Schwanzfedern an,
und zwar mit der zehnten, wenn man von außen nach innen zählt,
d. h. von dem äußersten Theile des Flügels bis zum Punkte, wo er
sich abzweigt. Ungefähr einen Monat später folgt die vorhergehende
Feder, also die neunte. Zu dieser Zeit ist die zehnte fast wieder bis
zu ihrer ursprünglichen Größe gediehen, ebenso ist die neunte bis zur
Hälfte ihrer Länge gewachsen, sobald die achte Feder fällt. Die übrigen
Federn folgen der Reihe nach im Zeitraum von 8 bis 14 Tagen.
Wenn der Flügel noch vier oder fünf alte Schwungfedern besitzt, so
scheint die Mauser rascher vorwärts zu gehen und zwar mit einer

Schnelligkeit um ſo viel größer, je kleiner die Federn ſind, auf welche
ſie ſich erſtreckt. Die Federn, welche am Achſelbein ſitzen, die der
Schultern und die oberen Flügelfedern fallen bald, und die Deckfedern
der Flügel folgen in geringen Intervallen. Die Mauſer wird dann
allgemein. Der Kopf wird faſt ganz der Federn beraubt, nicht, daß
er etwa nackt erſchiene, ſondern er iſt mit ganz kleinen liegenden
Stämmen bedeckt, aus den Kielen beſtehend, welche die auf ſich ſelbſt
aufgerollten Federn enthalten. Die Mauſer erſtreckt ſich nun nach
und nach auf den Hals und die Bruſt. Die Erneuerung des Schwan=
zes geſchieht ebenfalls in einer ſehr regelmäßigen Art und Weiſe. Er
beſteht aus zwölf Federn, ſechs an jeder Seite und alle ſymmetriſch.
Die Erſte, welche ausfällt iſt die fünfte, wenn man von außen nach
innen zählt, und ſie wächſt bis zu ³/₄ ihrer Länge, wo dann die ſechſte,
die der Mitte, ſich loslöſt. Dieſe zeigt ſich ſchon, wenn die vierte und
dann die dritte der Reihe nach fallen. Die letzte Feder, die ausfällt,
iſt die zweite. Der Schwanz, wie der Flügel, ſind zum Fluge gleich
wichtige Organe, daher iſt die Taube durch den nach und nach ein=
tretenden Ausfall der Federn nie einen Augenblick des Gebrauches, den
ſie damit macht, beraubt, ſo daß, wenn man den Schwanz der Taube
Ende September unterſucht, gewöhnlich Folgendes findet: die mittlere
Steuerfeder iſt zu ⁴/₅ ihrer Länge erneuert, diejenige, welche ihr nach
außen zu folgt, d. i. die fünfte, iſt vollſtändig gewachſen, die vierte
bis zur Hälfte, die dritte bis zu einem Drittel, die zweite iſt noch die
alte; dagegen beginnen die erſten kleinen Deckfedern ſich zu entfalten.
Die Erneuerung der Federn wechſelt im Allgemeinen nicht die Farbe
des Gefieders. Es iſt überflüſſig, bei dieſer Gelegenheit daran zu
erinnern, daß die erſten Federn, die ſogenannten Neſtfedern, keinen
Glanz beſitzen, und die in der erſten Mauſer durch längere und größere
Federn, die viel lebhafter gefärbt ſind, erſetzt werden. Dieſer gewöhn=
lichen normalen Veränderung gegenüber muß man jedoch der bizarren
Erſcheinung erwähnen, die man bei einigen Tauben von gelber oder
brauner Farbe findet, und die in Folge der erſten Mauſer ein weißes,
oder weißgeflecktes Gefieder annehmen. Theilweiſe Farbenveränderungen
bemerkt man auch noch bei gewiſſen Männchen von heller Farbe, ſei
es grau oder röthlich, und bei denen mit ſchwarzen Streifen. Nach
jeder Mauſer gewinnen dieſe dunklen Streifen an Größe, an Länge
und Breite, ſo daß nach fünf oder ſechs aufeinanderfolgenden Mauſern
dieſe Tauben ſchwarz gefleckt erſcheinen; noch ſpäter nehmen ganze
Federn dieſe Farbe an, und es erſcheint wahrſcheinlich, daß ſie in
einem noch vorgeſchrittenerem Alter vorherrſchend wird. Dieſe ſchwar=
zen Striche ſind übrigens ein gutes Geſchlechtszeichen, ſie erſcheinen,
ſobald die Federn ſich zu entwickeln beginnen, ſo daß es möglich iſt,

hierdurch mit Gewißheit das Geſchlecht der Tauben vor dem Verlaſſen
des Neſtes zu beſtimmen.

Verſchiedene Urſachen können die Mauſer der Taube aufhalten,
doch geſchieht dies immer zu ihrem Schaden, und da dieſe Urſachen
meiſt durch den Beſitzer ſelbſt hervorgerufen werden, ſo muß er ſie
ſorgfältig zu verhindern trachten. Schlecht genährte Tauben haben
nur eine mangelhafte Mauſer. Sofern die Taube Junge erbrütet, ſo=
bald ihre Mauſer begonnen hat, wird dieſe ſofort unterbrochen und
nimmt erſt ihren Fortgang nach der Zeit, wenn ſich die Jungen ſelbſt
ernähren. Dieſe Unterbrechung kann ziemlich lange dauern, denn eine
Taube mit verſpäteter Mauſer erneuert ihr Gefieder nicht vollſtändig,
wenn die Kälte eintritt. Im Frühjahr iſt es wahrſcheinlich, daß ſie
die Mauſer, welche ſie nicht hat vollenden können, wieder aufnimmt,
aber dann kann die zehnte und neunte Schwungfeder gleichzeitig fallen,
ſo daß dann die Taube an zwei verſchiedenen Punkten der beiden
Flügel mauſert und zum Fliegen wenig geeignet iſt. Dieſelbe Unregel=
mäßigkeit der doppelten Mauſer bemerkt man häufig bei zu ſpät im
Auguſt oder September geborenen Tauben; ebenſo wird die Mauſer
unterbrochen, wenn die Taube während dieſer Zeit Hunger leidet.

Man bemerkt zuweilen, daß zur Zeit der Mauſer die Taube krank
wird, ſie fliegt ſchwer, und wenn ſie ihren Standort erreichen will, ſo
ſucht ſie nach einem Mittel, ihn ohne Anſtrengung zu erreichen. Die
Urſache iſt eine durch irgend welchen Umſtand verzögerte Mauſer, und
muß der Liebhaber ſie ſorgfältig beobachten, um den Grund dieſer ver=
zögerten Mauſer zu entdecken. Das ſicherſte Mittel, ſofort die Mauſer
hervorzurufen, beſteht einfach darin, daß man die Taube in einen Ver=
ſchlag ſperrt, deſſen Boden mit leicht angefeuchtetem Grasſamen bedeckt
iſt; nach einigen Tagen ſchon iſt man ſicher, daß die Mauſer begonnen
hat, und kann man dann die Taube in ihren alten Schlag zurück=
bringen, worauf ſich die vollſtändige Mauſer ohne weitere Schwierig=
keit vollzieht. Während der ganzen Dauer der Mauſer gebe man den
Tauben eine wechſelnde, reichliche und kräftige Nahrung, viel Kalk von
alten Wänden, gebrannten Lehm und ſalzige Beſtandtheile, ſowie täglich
mehrere Male friſches Waſſer und ſorge für Reinlichkeit im Schlage.

Verzeichniß

von Taubenhändlern, die als ehrenhaft und zuverlässig zu empfehlen sind.

Altenburg. Ein eigentlicher Taubenhändler existirt hier nicht. Vermittelung zum Ankauf übernimmt Herr Julius Springer. Die Hauptzucht in Altenburg besteht in Kröpfern verschiedener Racen, Pfautauben und Mövchen in allen Farben, Flügel- und Schildtauben, Trommeltauben und verschiedenen Sächsischen Farbentauben.

Bautzen. Vermittler Klempnermeister Theodor Schulz. Farbentauben und Schwalben mit Schnippe und weißen Streifen, doppelkuppige Flügeltauben, Latztauben, doppelkuppige Perrücken, weißköpfige Mönche.

Berlin. C. Reuter, Zionskirchstraße 45 und C. Zietemann, Waßmannstraße. Flugtauben in allen Farben und Zeichnungen, Mövchen und Alt-Stämmer.

Braunschweig. Carl Basse. Flugtauben (Tümmler), namentlich Tropp-fliegende Kapaunen. Langschnäbelige, glattbeinige Weißschlag-Barttümmler, einfarbig und rothstreifig, gelbstreifig, mausfahl, lerchengrau, stippblau (Hammerschlag), silberfahl und isabell.

——————— Carl Mayer. Elster Weißschläge und Weißschwänze in allen Farben, einfarbige Kreuzer (Mövchen), Pfautauben und Perrücken, Feldtauben und Kapaunen.

——————— Otto Rickel. Specialitäten in Jagetauben, Tümmler mit und ohne Bart, Kapaunen.

Chemnitz in Sachsen. L. Brochmann. Alle Arten Racetauben.

Coburg. G. Benda.

Cöln. A. Bonvie und Joh. Kutz. Langschnäbelige glattfüßige Tümmler (Holländer), in weiß pro Paar 6—9 Mark, schwarz, gelb und rothgetigert mit weißem Schwanz (Schlitzer), 9—15 Mark pro Paar; belatschte Tümmler, schwarz, blaugetigert mit weißen Schwingen und Schwanz, 5—45 Mark; Plättchen, Calotten, schwarz, gelb, roth, 9—15 Mark pro Paar; Mövchen, geschildet in allen Farben, 12—30 Mark; Brieftauben aller Racen.

Dittelsdorf bei Hirschfelde. Gottl. Prieber. Flügeltauben in allen Farben.

Dresden. T. Claus, A. Seifert und H. Hromada. Chinesische und Aegyptische Mövchen, Pfautauben, Römer, Indianer (Berber), Englische und Böhmische Kropftauben.

Erfurt. Bernh. Burchhardt. Brünner Kropftauben, Mövchen.

Gödissa bei Altenburg. Michal Kratzsch. Indianer (Berber) in allen Farben.

Hamburg. H. L. A. Schülbe. Alle Arten Racetauben, namentlich auch Nönnchen. Directer Import von Englischen Racetauben.

Hanau. Taubenhändler Steinmacher. Französische und Englische Kröpfer.

Hannover. T. Gersten.

Hildesheim. A. Grebe. Tümmler in allen Farben; Mövchen, Kröpfer, Pfautauben.

Kraschwitz bei Altenburg. Herm. Müller. Altenburger Trommeltauben, Flügeltauben, Schwalben, Mövchen.

Lehrte. H. Marten. Englische Racetauben.

Magdeburg. Fr. Lange, W. Schieferdecker, Gottl. Fricke in Buckau-Magdeburg. } Langschnäbelige Weißschlag-Tauben mit Bart (Kapaunen), ächte Kopenhagener, Calotten, Weißschwänze, Nönnchen, geschildete und geschwänzte Mövchen.

Mainz. Matth. Biron. Englische Kröpfer, Französische Bagdetten, Römer, Pfautauben.

Markersdorf. Chr. Scholze. Alle Arten Farbentauben.

Mittweida. Winkler, Schuricht, } Schwalben und Schildtauben.

München. Franz Wahlhammer. Huhnschecken in allen Farben, Malteser, weiß, blau und roth, Lockentauben, weiß, blau und Rothschimmel, Gimpel, gelb und roth mit blauen Flügeln, Spiegelgimpel, gelb und roth, Purzel-Tauben in allen Farben.

Nürnberg. Christian Seeger. Nürnberger Bagdetten, Englische, Holländische und Deutsche Kröpfer, Flügeltauben (Schwalben oder Feen), Mövchen, Indianer (Berber).

Pausa. Heinrich Müller. Karl Günther. } Flügeltauben in allen Farben, Perrücken, Mövchen, Pfautauben, Kropftauben, Huhntauben, Römer, Orientalische Tauben.

Prag. Wenzel Petzold. H. Hlouschek. } Indianer, Wiener Gamsel, Böhmische Kropftauben, Tümmler, namentlich eulige (Grauschimmel), blaue und isabell Tümmler mit weißen Binden.

Reichenbach i. V. Robert Metzger. Flügeltauben, Schwalben.

Stettin. Vermittler Reitlehrer Getke. Pommersche Kröpfer in allen Farben. Weiße Stralsunder und Prager Tümmler.

———————— R. Nebelung. Alle Racen Fliegetauben.

Weimar. Taubenhändler Roß. Indianer (Berber), Englische Kröpfer, Türken, Gimpel, schwarzschildige Pfautauben (Hauptzüchter dieser Race ist der Hofschuhmacher Schick), Lerchen- und Trommeltauben.

Werdau i. Sachsen. A. Fuhrmann. Hühnschecken und Malteser in allen Farben.

Zeitz. Vermittler Moritz Kratzsch. Flügel- und Schildtauben, Schwarz-köpfe, Trommeltauben, doppelkuppig, auch nur mit einer Schnabel-schnippe, Deutsche Kröpfer (Elster oder Verkehrtflügel genannt).

———

Verzeichniß
von Schriften über Tauben und Taubenzucht.

Anleitung zur einträglichen Taubenzucht in Thürmen und Schlägen. II. Auf-lage. Leipzig 1852.

Bechstein. Gemeinnützige Naturgeschichte der Vögel Deutschlands (Bd. III, Seite 948).

Brehm, Chr. Ludw. Die Naturgeschichte und Zucht der Tauben. Wei-mar 1857. (Ist vergriffen.) Eine neue von G. Prütz bearbeitete Auf-lage ist im Erscheinen.

Buffon's Naturgeschichte der Vögel. Aus dem Französischen übersetzt von Martin (Bd. VII, Seite 144).

Buhle, Dr. Chr. Ad. Die Tauben nebst ihren Verwandten. II. Auflage. Halle 1861.

Burmeister, Prof. H. Handbuch der Naturgeschichte (Seite 758).

Carl, L. Untersuchungen über den Schädelbau domesticirter Tauben. Pirna 1878.

Darwin, Ch. Das Variiren der Thiere ꝛc. im Zustande der Domestication. Bd. I., Cap. 5 u. 6. Stuttgart.

Die Farbentauben für Liebhaber und Kenner.

Friderich, C. G. Naturgeschichte der Deutschen Zimmer-, Haus- und Jagd-vögel. Mit 200 color. Abbildungen. III. Auflage. Stuttgart 1876.

Das Ganze der Taubenzucht, oder Belehrung über Hegung, Haltung ꝛc. der Haus-, Feld- und wilden Tauben, nebst deren Krankheiten und Heilung.

Herzog, Fr. Das Ganze der Taubenzucht. II. Auflage. Quedlinburg 1849.

Korth, Dr. D. Die Taubenzucht zum Vergnügen, oder die Flug- und Hoftauben. Berlin 1855.

Landbeck, J. C. F. Anleitung, die zahmen Tauben mit Nutzen und Vergnügen zu erhalten und zu erziehen. Straßburg.

———— Anleitung, die wilden Tauben sowohl im Taubenhause als im Zimmer zu unterhalten und zu erziehen. Straßburg.

Lenzen, H. J. Die Brieftaube. Geschichte, Pflege und Dressur derselben. Dresden 1873.

Naumann, Prof. F. Naturgeschichte der Vögel Deutschlands (Bd. VI, Seite 160 u. flgbe.)

Neumeister-Prütz. Das Ganze der Taubenzucht. Mit Abbildungen. III. Auflage. Weimar 1877.

Oettel, Rob. Der Geflügelhof. V. Auflage. Weimar 1874.

Prütz, G. Die Arten der Haustaube. III. Auflage. Leipzig 1878.

Putsche, Br. Taubenkatechismus, oder gründlicher und vollständiger Unterricht in der Taubenzucht, mit 3 Kupfertafeln. Leipzig.

Du Puy de Podio. Die Brieftauben in der Kriegskunst. Leipzig 1873.

Reichenbach. Monographie der Tauben mit 559 Abbildungen. Dresden 1862.

Riedel, W. Die Taubenzucht in ihrem ganzen Umfange, oder vollständige Anweisung zur Kenntniß des Taubenschlages. Ulm.

———— Die vorzüglich bekannten Feinde der Tauben, naturhistorisch bearbeitet. Ulm.

Ruß, Dr. Karl. Die Brieftaube. Ein Hand- und Lehrbuch für ihre Verpflegung, Abrichtung ꝛc. Hannover 1877. Preis 5 ℳ

———— Handbuch für Vogelliebhaber, Züchter und Händler. Bd. III. Hof- und Parkvögel. (Ist im Erscheinen begriffen.)

Die Taube. Ein Büchlein für jeden Taubenfreund. Neu-Ulm 1874.

Die Tauben, ihre Wartung, Pflege, Haltung und Benutzung. Ein nothwendiges Handbuch für alle Taubenfreunde.

Nützliches und vollständiges Taubenbuch ꝛc. mit 1 Kpfr. Ulm.

Der Taubenfreund, oder auf Erfahrung begründete Belehrung über das Ganze der Taubenzucht. VI. Auflage. Plauen 1876.

Die durch Erfahrung geprüfte Taubenzucht. Eine Anweisung, nicht allein schöne, sondern auch noch einmal so viele Tauben als seither zu erziehen.

Der Tauber, oder die Geheimnisse der Tauben- und Hühnerzucht, enthüllt in einem vollständigen Rathgeber über die Kennzeichen des Geschlechtes und des Alters der Tauben, über das Anschaffen, Aufziehen, Abwarten, Zahmmachen ꝛc. von Schmidt. IV. Auflage. Naumburg 1860.

Gründlicher Unterricht in der Taubenzucht. Nach 30jähriger Erfahrung aufgesetzt und zum allgemeinen Vergnügen und Nutzen herausgegeben von einem Taubenfreunde. Berlin.

Weber, D. A. Der Taubenfreund, oder gründlicher Unterricht in der Taubenzucht. II. Auflage. Queblinburg 1850.

Woltmann, J. J. Der Taubenschlag oder die Wartung und Pflege, das
Paaren und die Brütezeit der Tauben, ihre Krankheiten und deren
schnelle Heilung durch bewährte Mittel. Mit 13 Abbildungen. Al-
tona 1876.

Valdamus, A. C. E. Illustrirtes Handbuch der Federviehzucht. Bd. II.
Die Tauben und das übrige Ziergeflügel. Dresden 1878.

The illustrated book of Pigeons by Robert Fulton. London.

Pigeons: their structure, varieties, habits animagnagement by W. B.
Tegetmeier. London.

Chapuis, F., Le pigeon voyageur belge. Verviers 1865.

———————— do. do. . De son instinct d'orientation.

———————— do. dans les forteresses et à Zanzibar.

Boitard et Corblé, Les pigeons de volière et de colombier ou histoire
naturelle et monographique des Pigeons domestiques. Paris.

Moore, John, Columbarium or the pigeonhouse, being an introduction
to a natural history of tame Pigeons. London.

———————— A treatise on domestic Pigeons. London.

Delamer, E. S., Pigeons and rabits in their wild, domestic and captive
states. London.

Didieux, M., Guide d'éleveur des Pigeons de colombier et de volière. Paris.

Payerne, Note sur la nosographie des Pigeons. Cherbourg.

Brent, B. P., The Pigeon book, wehrein all the known varieties of the
domestic pigeon are described and classified, and their requisite points
of excellence, their management and the treatment of their diseases
are fully explained. London.

Espanet, Al, De l'éducation des pigeons, des oiseaux de luxe, de volière
et de cage. Paris.

Harris, E. D., The structure, flight and habits of the differens varieties
of the domesticated Pigeon. Boston.

V. La Perre de Roo, Le Pigeon messager ou Guide pour l'élève du
Pigeon voyageur. Paris.

Wittouck, S., De Reisduif. Brüssel 1877.

Verzeichniß
der Deutschen Brieftaubenliebhaber- und Geflügelzüchter-Vereine.

Brieftaubenliebhaber-Gesellschaft „L'Union"; Brieftaubenliebhaber-Gesellschaft „Die vereinten Freunde"; Brieftaubenliebhaber-Verein „Asculum"; Ornithologischer Verein in Aachen.

Verein für Geflügelzucht zu Altenburg (Sachsen-Altenburg).

Geflügelzüchter-Verein und Verein der Geflügelfreunde zu Annaberg (Sachsen).

Geflügelzüchter-Verein zu Apolda (Sachsen-Meiningen).

Verein der Geflügelfreunde zu Auerbach im Sächs. Voigtlande.

Arser Geflügelzucht-Verein zu Ars a. d. Mosel bei Metz.

Verein für Geflügelzucht in Augsburg.

Brieftaubenliebhaber-Verein „Columbia", und „Courier" in Barmen (Rheinprovinz).

Ornithologische Gesellschaft; Singvögelliebhaber-Verein; Erlenverein; Verein für den Zoologischen Garten zu Basel.

Vogel- und Geflügelzüchter-Verein zu Bayreuth.

Verein der Geflügelfreunde „Cypria"; Verein der Vogelfreunde „Aegintha"; Brieftaubenliebhaber-Gesellschaft „Berolina", und „Pfeil" in Berlin.

Geflügelzüchter-Verein zu Bernburg.

Verein für Geflügelzucht zu Bielefeld (Westfalen).

Brieftaubenliebhaber-Verein „Columbia" zu Bochum.

Verein für Geflügel- und Kaninchenzucht zu Bornhöved (Holstein).

Verein für Geflügel- und Singvogelzucht; Verein für Taubenzucht in Braunschweig.

Verein für Geflügel- und Kaninchenzucht in Bremen.

Verein für Geflügel- und Singvögelzucht in Breslau.

Taubenliebhaber-Verein zu Buchholz (Sachsen).

Verein für Geflügelzucht in Buda-Pest.

Verein der Thierfreunde in Büdingen (Hessen-Nassau).

Geflügelzüchter-Verein zu Burkhardtsdorf bei Chemnitz.

Geflügelzüchter-Verein zu Chemnitz (Sachsen).

Verein für Geflügel- und Vogelzucht zu Darmstadt.

Ornithologischer Verein „Aegintha"; Verein der „Freunde der gefiederten Welt" zu Demmin.

9*

Verein für Geflügelzucht zu Dessau.

Brieftaubenliebhaber-Verein Deutz zu Deutz.

Geflügelzüchter-Verein für Deuben und Umgegend zu Deuben bei Dresden.

Geflügelzüchter-Verein zu Döbeln (Sachsen).

Verein für Geflügelzucht des Stadt- und Landkreises Dortmund; Verein für Geflügel-, Singvögel- und Kaninchenzucht „Gallus" in Dortmund.

Geflügelzüchter-Verein zu Dresden.

Brieftaubenliebhaber-Verein zu Düren bei Aachen.

Verein „Fauna" zu Düsseldorf.

Geflügelzüchter-Verein zu Ebersbach bei Löbau (Sachsen).

Geflügelzüchter-Verein am Rottmar; Taubenzüchter-Verein zu Eibau (Sachsen).

Geflügelzüchter-Verein zu Eilenburg (Sachsen).

Geflügelzüchter-Verein zu Eisenberg (S.-Altenburg).

Verein für Geflügelzucht und Vogelschutz in Eisleben.

Verein für Geflügel- und Brieftaubenzucht „Fauna"; Gesellschaft „Brieftaube" in Elberfeld.

Westfälischer Verein für Vogelschutz, Geflügel- und Singvögelzucht zu Emden.

Thüringischer Verein für Geflügelzucht zu Erfurt.

Brieftaubenliebhaber-Verein „La Colombe" zu Eschweiler bei Aachen.

Verein für Thierschutz und Geflügelzucht im Stadt- und Landkreis Essen. Brieftaubenliebhaber-Verein zu Essen.

Verein der Vogelfreunde zu Eßlingen.

Brieftaubenliebhaber-Gesellschaft zu Eupen (Rheinprovinz).

Verein zur Beförderung der Geflügelzucht zu Eutin (Oldenburg).

Geflügelzüchter-Verein zu Fallenstein (Sachsen).

Geflügelzucht-Verein „Cimbria" in Flensburg (Schlesw.-Holst.).

Geflügelzüchter-Verein zu Frankenberg (Sachsen).

Verein für Geflügelzucht zu Frankenthal.

Gesellschaft der Vogelfreunde; Brieftaubenliebhaber-Klub zu Frankfurt a. M.

Geflügelzüchter-Verein zu Freiberg (Sachsen).

Verein für Geflügelzucht zu Freiburg im Breisgau (Baden).

Verein der Vogelfreunde in Geislingen a. d. Staig.

Geflügelzüchter-Verein zu Alt- und Neu-Gersdorf (Sachsen).

Verein für Geflügel- und Vogelzucht zu Gießen.

Verein für Geflügelzucht zu Glauchau (Sachsen).

Hühnerologischer Verein zu Görlitz.

Geflügelzüchter-Verein zu Gößnitz (S.-Altenburg).

Verein für Geflügel- und Singvögelzucht zu Göttingen (Hannover).

Vogelzucht-Verein in Gotha.

Baltischer Central-Verein für Thierzucht und Thierschutz in Greifswald.

Geflügelzüchter-Verein; Taubenliebhaber-Verein zu Greiz im Voigtlande (Fürstenth. Reuß).

Verein für Vogelschutz und Vogelkunde zu Großenhain (Sachsen).

Geflügelzüchter-Verein zu Großenstein (S.-Altenburg).

Verein der Geflügelfreunde zu Groß-Schönau (Sachsen).

Geflügelzüchter-Verein zu Güsten (Anhalt).

Geflügelzüchter-Verein zu Halberstadt.

Verein für Vogelschutz und Geflügelzucht zu Hachenburg (Hessen-Nassau).

Geflügelzüchter-Verein zu Hainichen (Sachsen).

Ornithologischer Central-Verein für Sachsen und Thüringen; Sächsisch-Thüringischer Verein für Vogelkunde und Vogelschutz; Verein zur Pflege der Vögel im Winter zu Halle a. S.

Hamburg-Altonaer Verein für Geflügelzucht; Brieftaubenliebhaber-Verein „Courier"; Brieftaubenliebhaber-Verein „Konkurrenz" zu Hamburg.

Verein für Vogelschutz, Geflügel- und Singvögelzucht zu Hameln.

Verein für Geflügel- und Kaninchenzucht zu Hamm (Westfalen).

Verein für Geflügel- und Singvögelzucht und Vogelschutz; Verein zur Förderung und Veredelung der Kanarienvögelzucht zu Hannover.

Geflügelzüchter-Verein des Kreises Liebenburg zu Harzburg.

Verein für Geflügelzucht „Fauna" in Herford (Westfalen).

Geflügelzüchter-Verein zu Herwigsdorf bei Zittau (Sachsen).

Verein „Fauna" in Hilden.

Verein für Geflügelzucht und Vogelschutz zu Hildesheim (Hannover).

Geflügelzüchter-Verein zu Hirschfelde (Sachsen).

Geflügelzüchter-Verein zu Hohenmölsen (Sachsen).

Geflügelzüchter-Verein zu Hohenstein-Ernstthal in Hohenstein (Sachsen).

Gesellschaft der Thierfreunde zu Homburg v. d. H.

Verein für Geflügelzucht zu Kalbe a. S.

Badischer Verein für Geflügelzucht zu Karlsruhe (Baden).

Verein für Vogelkunde und -Zucht zu Kassel.

Verein für Geflügel- und Kaninchenzucht „Fauna" in Kiel.

Harzer Verein für Singvögelzucht zu Klausthal (Hannover).

Verein für Geflügelzucht „Gockel" in Kleve (Rheinprovinz).

Verein für Vogelschutz und Geflügelzucht zu Koblenz.

Vogelschutz-Verein zu Koburg.

Verein für Geflügelzucht „Columbia"; Verein für Geflügelzucht; Brieftauben-liebhaber-Verein „Union"; Verein für Brieftaubenzucht „Concordia"; Brieftaubenliebhaber-Gesellschaft „Germania"; Kölner Kanarienvogelzucht-Verein zu Köln a. Rh.

Geflügelzüchter-Verein „Kurukuru" zu Königsbronn (Württemberg).

Geflügelzüchter-Verein für Kolditz und Umgegend zu Kolditz.

Brieftauben-Verein zu Krefeld.

Verein für Geflügelzucht zu Kreuznach (Rheinprovinz).

Geflügelzüchter-Verein zu Krossen bei Erlau.

Brieftaubenliebhaber-Verein „Fauna" zu Langenberg.

Geflügelzüchter-Verein zu Leipzig.

Geflügelzüchter-Verein zu Leutersdorf (Sachsen).

Ornithologischer Verein für das Toggenburg zu Lichtensteig.

Geflügelzüchter-Verein zu Limbach bei Chemnitz.

Verein für Gartenbau und Geflügelzucht zu Limburg a. d. Lahn.

Verein für Vogelschutz, Geflügel- und Singvögelzucht zu Lingen a. d. Ems

Geflügelzüchter-Verein zu Löbejün (Sachsen).

Verein für Geflügelzucht zu Löwenberg (Schlesien).

Ornithologischer Verein zu Loitz (Pommern).

Verein für Geflügelzucht zu Lommatzsch (Sachsen).

Verein für Geflügel- und Kaninchenzucht zu Lüneburg (Hannover).

Brieftaubenliebhaber-Verein „Juno" zu Lüttringhausen.

Geflügelzüchter-Verein zu Lützen.

Verein für Geflügelzucht zu Magdeburg.

Verein für Geflügelzucht zu Mannheim.

Geflügelzüchter-Verein zu Markranstädt.

Verein für Tauben- und Hühnerzucht zu Meerane (Sachsen).

Verein für Geflügelzucht zu Meißen (Sachsen).

Verein für Geflügelzucht zu Meppen (Hannover).

Verein für Geflügelzucht zu Merseburg.

Verein für Vogelschutz, Geflügel- und Singvögelzucht zu Minden (Westfalen).

Geflügelzüchter-Verein zu Mittweida (Sachsen).

Verein für Geflügelzucht zu Mühldorf a. Inn.

Geflügelzüchter-Verein zu Mühlhausen (Thüringen).

Verein zur Förderung und Veredelung der Geflügelzucht zu Mühlheim
    a. d. Ruhr.

Geflügelzüchter-Verein zu Mühltroff im Sächs. Voigtlande.

Geflügelzüchter-Verein in Mülsen (St. Jacob).

Verein für Geflügelzucht zu München.

Westfälischer Verein für Vogelschutz, Geflügel- und Singvögelzucht zu
    Münster (Westfalen).

Verein für Geflügelzucht zu Naumburg a. S. (Sachsen).

Geflügelzüchter-Verein zu Netzschkau (Sachsen).

Geflügelzüchter-Verein zu Neukirchen bei Chemnitz.

Verein für Geflügel- und Singvögelzucht zu Neustadt a. R. (Hannover).

Geflügelzucht-Verein zu Norden (Hannover).

Geflügelzüchter-Verein zu Nossen (Sachsen).

Ornithologischer Verein; Verein der Vogelfreunde zu Nürnberg.

Verein für Geflügelzucht und Vogelschutz zu Oberhausen a. d. Ruhr.

Geflügelzüchter-Verein zu Oberlungwitz (Sachsen).

Verein für Geflügel- und Kaninchenzucht zu Nieder- und Mittel-Oderwitz bei Zittau (Sachsen).

Geflügelzüchter-Verein zu Oederan (Sachsen).

Verein für Geflügelzucht zu Bad Oeynhausen.

Verein für Geflügel- und Singvögelzucht zu Oldenburg.

Geflügelzüchter-Verein zu Oschatz (Sachsen).

Geflügel- und Kaninchenzüchter-Verein zu Oschersleben (Sachsen).

Osnabrücker Geflügelzüchter-Verein zu Osnabrück.

Verein für Geflügel- und Singvögelzucht zu Osnabrück.

Ornithologischer Verein für Vogelzucht und -Kunde zu Paderborn.

Geflügelzüchter-Verein zu Pausa im Sächsischen Voigtlande.

Geflügelzüchter-Verein zu Pegau (Sachsen).

Verein für Singvögelzucht zu Pforzheim (Baden).

Verein für Geflügelzucht zu Plauen im Sächsischen Voigtlande.

Geflügelzüchter-Verein; Brieftauben-Verein zu Pößneck (S.-Meiningen).

Verein für Singvögel- und Geflügelzucht und Vogelschutz in Posen.

Böhmischer Vogelschutz-Verein in Prag.

Verein für Geflügelzucht und Vogelschule in Quedlinburg.

Geflügelzüchter-Verein für Radeberg und Umgegend zu Radeberg.

Oberpfälzischer Geflügelzüchter-Verein zu Regensburg.

Verein für Geflügelzucht zu Reichenau bei Zittau (Sachsen).

Verein für Geflügelzucht zu Reichenbach i. V.

Geflügelzüchter-Verein zu Reichenbrand bei Chemnitz.

Brieftaubenliebhaber-Verein „Diana" zu Remscheid.

Verein für Kanarienvögelzucht; Verein der Vogelfreunde zu Reutlingen.

Verein für Geflügel- und Singvögelzucht; Brieftaubenliebhaber-Verein „Union" zu Rheydt (Rheinprovinz).

Verein für Vogelschutz, Geflügel- und Singvögelzucht zu Rinteln a. d. Ruhr.

Geflügelzüchter-Verein zu Rochlitz (Sachsen).

Hühner- und Taubenzüchter-Verein zu Ronneburg bei Altenburg (S.-Altenburg).

Mecklenburgischer Verein für Geflügelzucht zu Rostock.

Ornithologischer Verein; Verein für Vogelkunde und Vogelschutz zu Salzburg.

Geflügelzüchter-Verein im Kreise Liebenburg zu Schladen (Braunschweig).

Verein für Geflügelzucht zu Schönebeck a. d. Elbe.

Gesellschaft der Thierfreunde zu Schweinfurt.

Verein für Geflügelzucht im Stadt- und Landkreise Siebenlehn (Sachsen).

Verein für Geflügelzucht und Vogelschutz in Siegen.

Verein für Geflügelzucht; Brieftaubenliebhaber-Verein „Fortuna"; Solinger Brieftaubenliebhaber-Verein zu Solingen (Rheinprovinz).

Geflügelzucht-Verein zu Speier.

Verein für Geflügelzüchter zu Spitzkunnersdorf (Sachsen).

Geflügelzüchter-Club zu Stettin. Adresse Gustav Prütz; Ornithologischer Verein.

Brieftaubenliebhaber-Verein „Colombe" zu Stollberg (Rheinprovinz).

Geflügelzüchter-Verein zu Stollberg (Sachsen).

Ornithologischer Verein zu Stolp (Pommern).

Ornithologischer Verein zu Stralsund.

Verein der Vogelfreunde von Württemberg; Gesellschaft „Canaria" in Stuttgart.

Ornithologischer Verein in Swinemünde.

Geflügelzüchter-Verein zu Teuchern (Sachsen).

Hühnerologischer Verein zu Tiegenhof.

Verein für Geflügelzucht zu Trier (Rheinprovinz).

Verein für Geflügel- und Vogelfreunde zu Ulm a. D.

Verein für Vogelschutz und Geflügelzucht zu Usingen (Hessen-Nassau).

Geflügelzüchter-Verein zu Waldheim (Sachsen).

Verein für Geflügelzucht und Vogelschutz; Zoologischer Verein zu Weimar.

Geflügelzüchter-Verein zu Weißenfels a. S. (Sachsen).

Brieftaubenliebhaber-Verein „Flora" zu Wermelskirchen.

Erster Oesterreichischer Geflügelzucht-Verein; Ornithologischer Verein; Verein für Geflügel-, Vögel- und Kaninchenfreunde zu Wien.

Geflügelzüchter-Verein zu Wiesbaden.

Brieftaubenliebhaber-Verein zu Wildbach bei Aachen.

Verein für Geflügelzucht zu Wingen (Hessen-Nassau).

Verein „Freunde der gefiederten Welt" zu Winterthur (Schweiz).

Verein für Geflügel- und Singvogelzucht zu Witten a. d. Ruhr.

Ornithologischer Verein in Würzburg.

Geflügelzüchter-Verein „Columba" in Zeitz.

Taubenliebhaber-Verein zu Zeulenroda (Sachsen).

Geflügelzüchter-Verein zu Zschopau (Sachsen).

Ornithologische Gesellschaft zu Zürich.

Verein für Geflügelzucht in Zwenkau.

Schlußwort.

Zum Schluß möchte ich den Herren Vorstandsmitgliedern der Geflügel-zucht-Vereine recht dringend die Bitte an's Herz legen, bei Ausstellungen angemeldetes Geflügel, namentlich die Tauben, nur dann zu katalogisiren und prämiiren, wenn die Anmeldung genau nach der von den Delegirten des I. Deutschen Geflügelzüchter-Tages bestimmten Nomenclatur geschehen, damit endlich einmal das Chaos von Namen, sowie die verschiedenen Pro-vinzialismen für ein und dieselbe Race, aufhören. Wie schon im Vorworte bemerkt, bleibt in der Geflügelzucht noch viel zu thun übrig, und grade die Ausstellungen, das Schooßkind unserer Tage, sind es, welche manches ver-altete Vorurtheil beseitigen, um so mehr, wenn einheitliche Benennungen das große Publikum leichter eine Race kennen und finden lassen. Der Stettiner Züchter-Club, der Hannoversche, Dresdener und Kölner Verein sind bereits in dieser Hinsicht mit gutem Beispiele vorangegangen, und steht zu hoffen, daß die übrigen Vereine recht bald nachfolgen werden.

Für Nichtmitglieder von Taubenliebhaber-Vereinen ist zur Belehrung und Orientirung die durch jede Buchhandlung und Postanstalt zu beziehende Zeitschrift: „Columbia" Zeitschrift für Taubenliebhaber, -Züchter und -Händler. Organ Deutscher Brieftaubenliebhaber-Vereine, Preis pr. Quartal ℳ 1, 25. Stettin bei Otto Brandner, besonders zu empfehlen, um so mehr, da der billige Abonnementspreis dieses ausschließlichen Fachblattes für Taubenlieb-haber es Jedermann möglich macht, gediegene, lehrreiche Artikel bewährter Deutscher und ausländischer Züchter, sowie die neuesten Erfahrungen und Beobachtungen in der Tauben-Zucht kennen zu lernen. Der Annoncentheil bietet namentlich Gelegenheit, Ankäufe aus erster und reeller Hand zu machen, ohne Zwischenhändlern in die Hände zu fallen, die hauptsächlich durch Erfindung neuer Namen den Liebhabern, welche solchen Täuschungen leicht ein williges Ohr leihen, die Lust zum Kaufen und an der Taubenzucht selbst rauben.

————